# 행복한 은퇴
# 목회자의 길

편저 김정식 목사

맑은샘

들어가는 말

우리나라는 저출산 현상과 함께 평균수명의 연장으로 인한 노인 인구 비율이 세계에서 가장 빠른 속도로 증가하고 있습니다.

우리나라의 경우 65세 이상 인구는 2017년 기준, 총인구의 14%로 고령사회에 진입했고, 2030년에는 24.3%, 2060년에는 40.1%를 차지할 것으로 추계 되고 있습니다.

2000년부터 2010년까지 10년간 우리나라의 기대수명이 76.0세에서 80.8세로 4.8년 증가한 것으로 나타났습니다. 또한, 2010년 이후부터 9년간 712만 명 정도(전체 인구의 14.6%)가 은퇴를 하는 나이에 접어들게 됩니다. 급속한 노년 인구의 증가와 더불어 베이비붐 세대의 은퇴는 향후 사회 전반에 엄청난 파장과 고령화 충격을 가져다줄 것으로 예측되고 있습니다.

오늘을 사는 이 시대 은퇴 목회자들의 존재하심에 영혼

깊은 곳으로부터 주님께 감사와 찬양을 드립니다. 중간에 도중하차는 일없이 목양일념(牧羊一念), 오직 한 길, 그 길을 걸어올 수 있었다는 그 자체만으로도 은총 중의 은총이며 성공입니다. 그동안 정들었던 성도들과의 관계와 오랜 세월 동안 해오던 사역들을 다 내려놓고 떠난다는 건 인간적으로는 어려운 일이지만 은퇴는 축복의 새로운 길입니다.

그러나 장수시대를 맞아 은퇴 목회자도 기하급수적으로 늘어나면서 심각한 교계 및 사회 문제로 부상하고 있습니다.

필자는 몇 년 전 '목회자의 은퇴 준비도가 성공적 노화에 미치는 영향'이란 논문을 쓰다가 놀라운 발견을 했습니다.

**그것은 현 은퇴 목회자의 절대다수가 은퇴 준비를 하지 못한 결과로 힘든 노후를 보내고 있다는 사실이었습니다.**

우리는 노후 준비라고 할 때에 경제적인 부분만 생각하기 쉽습니다. 물론 물질적인 부분도 심각하지만, 그에 못지않게 연장되는 사역 문제 및 건강문제, 여가 문제와 가족관계 문제, 사회생활 문제, 심지어 웰다잉 문제까지 대두되어 있습니다.

여기에 대한 깊은 연구도 없고, 실제적인 문제를 다룬 책도 별로 나온 것이 없어 필자가 용기를 내어 사역과 삶의 현장에 접목할 수 있도록 꾸며 보았습니다.

잘 준비된 노후는 아름답고 행복할 뿐 아니라 행복한 은목의 새 길이며, 모든 후배 목회자의 길잡이자, 새 일의 출발이 될 것입니다.

이 책은 은퇴 목회자의 연장 사역을 중점적으로 다루면서 특별히 존경하는 실버처치의 선구자이신 윤인구 목사님의 은퇴 후의 목회를 특집으로 소개하였습니다.

또한, 행복한 은퇴 후의 노후 현실에 대해, 목회 일선에서 앞서가는 목회를 하시다가 은퇴 이후에도 성공적인 사역을 이어 가고 계시는 네 분의 목사님께서 은퇴 이후의 삶을 흔쾌히 글로 써 주셨습니다.

부디 이 작은 책이 은퇴 목회자와 은퇴할 목회자는 물론, 성도들에게까지 나침반이 되길 원하며, 은퇴 목사님의 외롭고 고단한 삶 속에 위로와 희망과 용기를 주는 따뜻한 소생의 불씨가 되면 좋겠습니다.

끝으로 가족의 사랑에 감사합니다. 특히 모든 역경 속에서도 믿음으로 한결같이 조력해 주는 사랑하는 아내, 그리고 사랑하는 아들, 딸, 자부들, 또한 새소망 의료재단의 가족 여러분들에게도 감사를 드리면서 원고 정리 및 교정과 편집을 함께 동역해 주신 정정일 목사님과 자부 구은향에게 진심으로 감사드립니다.

끝으로 효과 있는 독서가 되도록 몇 가지 조언을 드리고자 합니다.

먼저 읽으시다가 마음에 와 닿는 내용이 있으면 꼭 밑줄을 치시고 다 읽으신 후 밑줄 친 부분을 요약해 메모하신 다음, 그 부분을 놓고 간절한 마음으로 결단의 기도를 하시면서 실천하기 쉬운 것부터 실천 계획을 세우시고 하나씩 실천하신다면 분명히 아름다운 열매를 거두게 될 것입니다.

2018년 계절의 여왕인 새봄을 맞이하면서
푸른 제주에서 報恩 김정식 목사

차례

# 길

이미옥


돌아보면 먼 길을 걸어왔다.

희망과 좌절
기쁨과 슬픔
땀과 외로움 속에서

걷고 걷다가 어느새 나이가 들었다.

젊은 시절에는
쓰러져도 다시 일어서는 뜨거운 열정이 있어
그렇게 삶을 하나씩 알아가려니 하였고

나이 들면 도도히 흐르는 강물처럼
저절로 삶에 대한 생각이 깊어지고

지혜가 쌓이며
작은 가슴도 넓어지는 줄 알았다.

나는 또 어떤 모습으로
그 길을 걸어가고 있는 것일까.

그리고 그 길에서 내가
정말 올바르게 가고 있는 것인지

기도하는 마음으로 그 길에게 묻고 또 묻는다.

하나

목회자의
은퇴란?

사전적인 의미로 은퇴(隱退)는 맡은 바 직책에서 손을 떼고 물러나서 한가로이 지낸다는 뜻이다.

목회자의 은퇴는 새로운 인생의 막을 여는 순간이다. 이분들의 은퇴가 축하할 만한 것임에는 의심할 필요가 없다. 미국인들은 은퇴(Retiring)를 Re-Tiring라고 부르기도 한다. 새 출발을 위해서 그동안 쓰던 낡고 오래된 바퀴를 새것으로 갈아 끼운다는 의미이다.

"목회는 은퇴해도 사역에 은퇴는 없습니다"라고 많은 분들이 말씀하고 있다. 그것이 이루어지려면 그만큼 은퇴를 위한 많은 시간과 노력 그리고 충분한 준비가 필요하다는 뜻이기도 하다.

'목회 은퇴'는 곧 '인생 은퇴'라고 생각하는 목회자도 간혹 계시는 같아서 가슴이 아프다. 목회자의 은퇴란 그동안 관계해 오던 성도들과의 목회적 관계를 청산하는 것은 물론이고 남은 삶의 새로운 시작을 맞이하는 것 등을 포함한다.

이는 교단 법을 따라서 행정적인 절차를 진행하는 것과는 별도로 목회자 스스로의 감정적 정리도 해야 하며, 목회자가 사역해 온 교회 또한 은퇴하시는 목사님과의 은퇴 후의 관계를 정리하는 작업도 필요하다.

사회적으로 기대 수명이 길어진 만큼, 장수하는 목회자들도 많아졌다. 신체 조건은 아직도 건강하게 목회할 수 있는데 법적으로 은퇴할 나이에 다다르면 은퇴가 부당하게 여겨질 수 있고, 또 은퇴 후의 자신의 미래에 대한 불안감이 올 수 있다. 이러한 생각이 잘못된 것은 아니다. 장수하는 목회는 교회가 원하거나 자신이 은퇴 후에라도 계속할 수 있는 사역지가 있다면 가능하다고 본다.

은퇴 후에는 누구라도 상대적 허탈감에 빠지기 쉽다. 목회자들의 경우 자신의 청춘과 돈, 그리고 가정을 포함한 삶 전체를 교회를 위해서 헌신한 경우가 많은데, 그러면 그럴수록 더욱더 교회와 자신을 분리해서 생각할 수 있는 여유가 없어진다. 말로는 교회는 하나님의 것이라고 하지만 감정적으로는 교회는 내 인생의 전부라는 의식적 지배로부터 자유로울 수 없는 것이다.

즉 교회와 나를 분리해서 생각해 본 적이 없는 상태에서는 목회와 개인 삶을 분리해서 생각할 수 없는 것이고, 교회와 나, 목회와 나의 개인 생활에 대한 심리적 구분은 거의 기대하기 어려운 감정적 밀착현상에 빠지게 되는 것이다.


한국인의 기대 수명이 100세까지 늘어나고 있다. 하지만 한국 교회는 목회자 및 선교사 노후에 대한 준비가 미흡해 대책 마련에 나서야 할 때다.

연초 인구통계 전문가인 고려대 통계학과 박유성 교수팀은 한국연구재단의 지원을 받아 한국인의 기대 수명을 예측했다. 그 결과는 한국인의 기대 수명이 100세까지 늘어날 수 있다는 것. 통계청이 지난 12월 발표한 '2014년 생명표'보다 무려 20년은 더 살 수 있다는 결론이다. 통계청이 출생과 사망 신고를 기준으로 기대 수명을 예측하고 있다면 이 연구팀은 의학의 발달 속도를 예측 기준에 포함시켰다.

이 예측이 적중한다면 60세가 정말로 '청춘'이 될 날도 멀지 않았다. 목회자와 선교사의 은퇴 연령 65~70세. 이제 교회나 은퇴를 앞둔 분, 이미 은퇴한 목사님들도 노후를 대비해야 할 상황에 처했다. 은퇴 후 30년 이상을 어떻게 살아갈 것인가는 은퇴 30년 전에 미리 고민해야 할 문제가 되고 말았다. 100세 시대를 맞아 한국 교회가 어떻게 목회자와 선교사의 노후를 준비해야 하는지, 교회의 실버 사역은 어디에 초점이 맞춰지고 있는지 짚어 보았다.

## ⁑ 100세 대비하는 정책 수립해야

인간 수명이 길어지면서 교단들도 바삐 움직이고 있다. 정책을 새로 만들고 은퇴 후 목회자와 선교사의 삶이 안정되도록 돕기 위해서다. 교회 역시 줄어드는 어린이 사역보다 늘어나는 노인 사역에 초점을 맞추는 시도가 늘고 있다. 목회자들 스스로도 은퇴 후 어떠한 사역을 할 것인가를 고민하고 있다.

예장 모 교단은 은퇴 목사를 순회 선교사로 활용하는 방안을 모색 중이다. 이미 3개 지역에 순회 선교사 제도를 도입, 시행하고 있는 이 교단은, 은퇴 목사 중 상담과 목회 등에서 훌륭한 자원을 발굴해 선교 현장의 문제를 돌봐주는 순회 선교사로 파송했다. 선교 지역이 확대되면 더 많은 은퇴 목사를 현장으로 내보낼 생각이다.

한 은퇴 목회자는 "이미 일반인들도 은퇴 후 봉사와 여가 활용 등의 계획을 세우고 있다."며 은퇴를 앞둔 목회자들을 대상으로 은퇴 후 인생설계에 대한 세미나를 열어 도전을 갖게 하는 것이 중요하다고 말했다. 자신의 경우 은퇴 후에 대한 고민 없이 세상 밖으로 던져진 후 모진 고통과 패배감을 감내해야 했다고 회상했다. 또 전도사들이 부족한 상황에서 은퇴 목회자를 상담과 교육 등 전문 분야에 활용하는 것도 사역 개발의 한 방법이 될 것이라고 강조했다.

인생을 25년 단위로 나누었을 때, '25세부터 50세'까지는 전반전, '50세부터 75세'까지는 후반전, '75세부터 100세'까지는 연장전, 100세부터는 '승부차기'라는 말이 있다. 이런 말을 지어낸 사람이 얼마나 깊이 생각하고 말을 만들었는지는 알 수 없지만, 정말 중요한 의미를 우리에게 주고 있다. 모든 경기가 그렇듯이 전반전에서 이룬 업적과 성과, 노력들은 후반전에 와서도 계속 영향을 미치게 된다. 마치 축구경기에서 전반전에 한두 골을 넣어 놓으면 후반전이 좀 더 느긋한 것처럼 말이다.

그러나 그렇다고 해서 후반전이 중요하지 않은 것은 아니다. 승부는 후반전, 그중에서도 불과 5분, 10분을 남겨놓고 골이 터져 승부가 결정되는 경우가 허다하다. 그래서 경기의 마지막이 가까울수록 더욱 최선을 다하는 것이다. 더군다나 연장전까지 경기가 이어지는 경우도 있는데 이는 다른 의미로 새로운 시작이라 할 수 있다. 연장전을 잘하기 위해서는 경기의 전·후반의 과오를 깨끗이 잊고 새롭게 경기를 시작한다는 마음가짐을 가져야 한다.

연장전은 새로운 인생과도 같다. 이 인생의 연장전에 대해 우리는 어떠한 태도를 가져야 할까?

**연장전은 마지막으로 승부를 결정지어야 하는 시점이다.**

연장전에 들어서게 되면 모든 것을 한 골에 집중해야 한다. 인생의 연장전에 들어서게 되면, 정말 중요한 인생의 문제에 집중해야 한다. 자신의 삶을 뒤돌아보며, 내 인생에 꼭 이루어야 할 일들, 아직도 나에게 남겨진 귀한 사명들, 나의 남은 인생이 의미를 갖기 위해서 준비하고 집중해야 할 것들을 찾아야 한다.

또한, 인생의 연장전은 덤으로 주어진 기회이므로 감사함이 있어야 한다. 남은 인생에 아직 완성하지 못하고 이루지 못한 것을 채우기 위해 열심히 노력만 하는 사람에겐 여유라는 것이 없다. 예전처럼 그저 허겁지겁 정신없이 살아갈 뿐이다.

그러나 인생의 연장전을 감사함으로 살아가는 사람은 뭔가 모를 자신감과 여유를 갖게 된다. 그것이 바로 은혜요 감사이다. "나는 은혜로 산다.", "내가 사는 것은 전적으로 하나님의 은혜다.", "나는 하루하루 그저 감사할 것밖에는 없다."라는 마음으로 노년을 사는 사람은 조급함과 불안함이 없다. 자신의 인생의 연장전이 자기 혼자 하는 것이 아님을 알기 때문이다.

따라서 인생의 연장전은 인생의 가장 중요한 것에 집중하는 삶이지만, 젊은 시절처럼 지나치게 목표 중심으로 살아감으로 인해 초조함과 강박관념으로 사는 것이 아니다. 덤으로 사는 인생에 대한 은혜와 감사함으로 살아감으로써 이전에 경험하지 못한 즐거운 인생을 살며, 또한 인생의 깊은 맛을 음미하며 살아가는 것이다.

아무리 나이가 들어도 인생의 전성기가 지났다고 이야기

하지 말기를 바란다. 전성기가 따로 있지 않고 지금 이 순간을 전성기처럼 살아가면 그것이 바로 전성기가 됨을 기억하기 바란다. 인생 최고의 연장전을 살아가시는 여러분이 되기를 바라는 마음 간절하다.

둘

한국교회
은퇴
목회자의
현주소

　대형 교단에는 은급제도 있지만, 수명 100세를 고려할 경우 마이너스로 운영할 수밖에 없다. 2020년 은퇴 선교사도 쏟아져 종신 사역할 제도적 뒷받침이 시급하다.

　예장 모 교단의 사회봉사부가 지난 2016년 조사한 '목회자 가족의 실태조사 및 연금 미가입 은퇴 목회자 생활실태조사에 대한 연구보고'에 따르면 82.5%의 은퇴 목회자가 별다른 소득활동 없이 노후를 보내는 것으로 나타났다.

　교단 연금에 미가입된 은퇴 목회자들의 경우 자녀로부터 지원을 받아서 사는 사례가 61.2%로 가장 높았으며, 소속 노회 지원과 정부지원이 19.8%, 은퇴 교회의 지원은 10.8%에 불과했다. 조사에 참여한 359명의 은퇴 목회자 중 절반 이상이 70만 원 이하로 살아가고 있다고 응답해, 최저 생계비에도 못 미치는 어려운 생활로 고통을 받고 있었다.

2017년 고시된 최저 생계비는 1인 기준 월 150여만 원. 70세 정년을 기준으로 할 때 100세까지 30년의 수명이 연장된다면 은퇴 노부부가 살아가기 위해서는 5억 원이 넘는 은퇴 생활비가 필요하다. 원로직을 보장받아 매달 생활비를 받는 중대형 교회 은퇴 목회자라면 상관없겠지만 60%가 넘는 소형 교회(미자립 교회, 개척 교회, 농어촌 교회) 목회자들은 은퇴 후 삶을 생각하면 답답한 속을 달랠 길이 없다.

'한국교회 은급제도 현황을 통해 본 은퇴 목회자의 삶과 노후 준비법' 발제를 맡은 이동현 원장은 "우리나라의 은퇴 목회자들은 거의 대부분 개척·미자립 교회 출신으로, 늦게 신학을 했거나 교회가 자립하지 못해 목회자들의 노후를 책임져 줄 수 없기 때문에 은퇴 후 목회자들의 고민이 더욱 커지고 있다."면서 "은퇴 목회자들에게 부족한 후원금마저 끊긴다면 더욱 생활이 힘든 것이 사실이다. 무작정 총회에서 많은 기금을 마련해 지원할 수 없는 상황이라면, 은퇴목회자나 은퇴를 준비하는 목회자들에게 있어 연금과 인생 3모작을 할 수 있는 교육이 뒤따라야 할 것"이라고 말했다.

이 원장은 "만약 은퇴 전이라면 인생 3모작을 위해 직업과 자금을 함께 준비하면 된다. 직업과 재무를 위해서 반드시 목회자 전문 컨설턴트를 통해 준비하고, 은퇴 후라면 지금이라도 자신이 좋아하고 할 수 있는 일을 찾고, 여생을 자신과 가정을 위해 준비하는 노력이 필요하다."고 강조했다.

이 원장은 또한 '미리 준비하는 명예로운 은퇴'를 주제로 발제한 내용에서 "은퇴는 기대되는 일이라고 생각해야 한다. 내가 해야만 하는 일 때문에 하지 못했던 일을 하는 것이다. 은퇴 후 꼭 하고 싶은 일을 고려해 보자. 목회자들의 경우에는 목회의 지식과 경험, 내가 베풀어야 할 사랑(특히 가족들), 이어주고 싶은 전통, 남기고 싶은 유산 등이 될 수 있다."고 말했다.

노후에 어렵게 사는 은퇴 목회자들, 그렇다면 원인은 어디에 있는가? 원로 목사는 게을러서 그런가? 아니면 실력이 없어서 그런가? 인간이 판단하기는 어려운 점도 있어 신학적으로 난해하다. 그 이유는 바울도 목회 이전보다 목회 후에 그의 생활이 어려워 굶기도 하고 매를 맞기도 했다. 특히 죽을 때도 평안하고 자유롭게 죽지도 못하고 많은 매를 맞고 욕을 먹으며 순교했으니 겉으로 보아서는 목회를 실패했다고 평가할 수 있다. 그러나 주님 편에서 중심을 보시면서 잘했다고 칭찬했을 것이다.

그러나 분명한 것은 시골 작은 교회에서는, 나름대로 성실하게 평생을 목회하고 은퇴한 분이나 혹은 원로 목사가 되어도 교회 형편이 어려우니 떠나는 목회자에게 경제적으로 도움을 주지 못한다는 것이다. 교회를 떠나는 목회자들은 당장 거처를 마련하기가 어려워 혼자 사는 딸의 집이나 불쌍한 노인을 위하여 마련된 시설로 들어가 몸을 의지하고 살 수밖에 없다. 이렇게 목회를 마친 일부 은퇴·원로 목사들은 창가로 흘러들어오는 달빛을 바라보며 남몰래 눈물을 흘리는 것으로 외로움과 쓸쓸함을 달래곤 할 것이다.

또한 은퇴 목회자들은 경제적인 어려움 못지않게 영적인 침체로 인하여 무력감에 빠져 우울증의 증세를 보이는 경우도 있고, 건강문제로 어려움을 겪기도 한다. 사역을 접고 시간을 무료하게 보내는 분들과 여가를 보람있게 보내지 못하는 분들, 가족 관계나 사회생활에 적응하지 못하는 분들, 그리고 죽음을 앞두고 잘 준비되지 못한 은퇴 목회자가 적지 않은 것이 오늘의 은퇴 목회자의 현주소이다.

셋

은퇴
목회자의
경건생활

　현직 사역을 할 때는 경건생활을 하지 않을 수 없고, 목회 자체가 경건 훈련으로 볼 수 있다. 그것도 부족을 느껴 영성 강화를 위해 영성 훈련을 별도로 받기도 하고, 특별기도(산 기도, 철야기도, 금식기도)도 하지만 일단 은퇴를 하고 나면 경건생활과 영성에 자연적으로 소홀하기 쉽다. 그래서 시간 이 지나면서 영적인 탈진 상태에 빠져 하나님과 서서히 멀어 지고 있는 모습을 보게 된다. 이것이 은퇴 목회자에게 가장 큰 위기다.

　그러므로 이미 살펴본 바와 같이 교회의 영성에 대한 전 통과 교훈을 새롭게 배우고 정리하면서 독서, 기도, 성서 연 구, 명상의 기회를 가져야 한다. 수도원 운동의 역사나 역대 기독교 영성의 고전인 어거스틴의 『참회록』, 성 프란시스의 『작은 꽃들』, 번연의 『천로역정』 그리고 아켐피스의 『그리스도를 본받아』 등은 참으로 우리의 내면을 아름답게 하는 책들이다. 특히 포스터의 『영적 성장을 위한 제자 훈련』은 목회자나 평신도를 위한 영성 훈련을 위한 좋은 교과서가 될 수 있다.

이런 영성 훈련이 필요한 것은 은퇴 목회자로서 예배에 규칙적으로 참여하는 일, 성서를 규칙적으로 읽는 일, 주님의 사업을 위해 헌금하는 일, 교회의 선교 사업에 협조하는 일, 사회에 대한 공헌과 지원 그리고 개인적인 문제와 갈등을 교우와 함께 나누는 일 등이 철저한 자기 영성훈련 없이는 감당해 나아갈 수 없는 일이기 때문이다.

이에 영성 회복을 위한 몇 가지 방안을 소개하고자 한다.


## 🍂 01 실제적인 기본 영성관리

### (1) 다니엘의 골방기도(1일 3회 기도)

목사는 기도를 통해서 하나님을 만날 수 있고 또한 자신을 발견할 수 있다. 기도는 영적인 호흡과 같은데, 쉬지 않고 규칙적으로 기도함으로써 영성을 유지해 갈 수 있다. 다니엘처럼 하루 3번씩 시간을 정해 놓고 조용한 장소에서 하나님과 깊은 기도를 하게 됨으로써 위기와 시험을 이겨 나가듯이 우리도 주님을 규칙적으로 면담하여 하나님과 동행하는 것이 영성 회복의 기초가 될 것이다.

기도할 때에 기도문을 적어서 하다 보면 깊은 기도에 몰입할 수 있게 된다. 또한 기도 시간을 지키기가 쉽지 않으므로 습관화될 때까지 알람을 맞추어 놓고 3주간 이상하다 보면 습관화되어 자연스럽게 지속하게 된다.

고 정진경 목사님이 월드비전 회의차 유럽의 한 나라를 방문했을 때 회의 중 독특한 외모와 복장을 한 목사님 한 분이 나와서 "기도하지 않는 목회자, 신자는 무신론자이다."라고 말한 그 소리가 계속 귓가에 남았다는 말을 참고하길 바란다.

## ⑵ 주기도문을 하루에 10번씩 하기

주기도문은 신비로운 기도다. 어느 목사님은 주기도문 만 번을 하고 놀라운 기적을 체험한 뒤 주기도문을 권장하고 있다. 주기도문에 모든 기도가 압축되어 있다. 기도의 방법

및 방향, 목적, 내용이 다 들어 있다. 아무리 인간이 기도문을 잘 만든다고 해도 주님께서 가르쳐준 기도보다 좋을 수 없다.

주기도문은 7가지로 구성되어 있다. 처음 3가지에는 하나님과 관계되는 것이고 이어지는 4가지는 인간의 일상적인 관심사와 관계되는 것이다.

사랑하는 아내를 위하여, 자녀를 위하여, 병든 자를 위하여, 시험에 든 자, 기타 여러 가지로 중보기도 할 때에 주기도문을 잘 활용하자.

### (3) 성경 구절을 100구절 이상 암송하자

인간의 기억력은 삶의 질을 바꾼다. 그러나 인간의 기억력은 한계가 있다. 이런 한계를 암송으로써 극복할 필요가 있다. 특히 성경 말씀은 더욱 그렇다. 암송은 무능한 인간에게 무한한 말씀의 능력을 체험케 할 뿐 아니라 임마누엘의 축복을 받게 하는 것이다.

암송을 통하여 우리 마음에 말씀으로 가득 채워야 한다.

말씀 암송 방법은 먼저 ① 명함 크기의 쪽지를 준비하라. ② 자신이 은혜받은 구절을 직접 써라. ③ 여러 번 읽어서 눈에 익숙하게 하라. ④ 그리고 암송하라. 토씨 하나 틀리지 않고 완벽하게 암송하라 ⑤ 계속 소리 내어 깊숙이 새기고 암송하고 묵상하라.

## ⑷ 찬송가를 자기 나이만큼 외워 불러라

침체된 영성을 빨리 회복하게 하는 가장 효과적인 방법은 찬양이다. 믿음의 절정도 찬양에서 나타난다. 기적의 역사도 찬양에서 나타난다. 그래서 찬양은 하나님이 우리에게 은혜 주심의 반응이다.

문제는 우리의 일상생활에서 찬양이 나와야 하는데 가사를 몰라서 부르지 못하는 경우가 있다. 특히 외롭고 괴로울 때 찬양으로 극복해 가는 지혜를 갖고 살아가자. 이렇게 외워서 부르다 보면 무의식적으로 찬양이 나오게 된다.

웃음은 웃을 일이 있어서도 웃지만 억지로 웃다 보면 웃을 일이 생긴다고 하듯이 찬양은 하기 싫을 때도 하라는 것이다. 하다 보면 기도의 문도, 회개·감사의 문도 열리게 되는 것이다. 외워서 부르는 것은 우리 영혼의 자산이 되는 것이다. 필자는 주일날 찬양의 시간을 개인적으로 정해 놓고 1시간 이상 부르고 있다. 이런 찬양의 시간이 천국의 기쁨을 맛볼 수 있는 좋은 방법이다.

### (5) 죄의 목록을 적어서 노트 한 권에 채워보라

세상에는 죄인 아닌 사람은 없다. 목사도 죄인이다. 자신이 지금까지 지은 죄를 찾아서 하나씩 적어 보면서 하나님께 회개를 해보라.

우리는 조만간 주님께로 가야 한다. 천국과 회개는 밀접한 관계가 있다. 세례요한도 예수님도 "회개하라 천국이 가까이 왔느니라"고 하셨다. 천국에 대한 믿음을 갖고 천국에 들어갈 우리는 항상 자기의 지난날을 돌아보면서 매일 매일 회개해야 한다. 그때마다 죄를 구체적으로 적으면서 십자가 바라보며 참회해야 할 것이다.

## 🌿 02 묵상의 영성

### (1) 묵상의 정의

원래 묵상이란 '온당하게 듣는 기술', '가르침에 온전히 주의를 기울이는 것'을 의미한다. 성서의 말씀은 귀로만 듣고 마는 것이 아니라, 음식처럼 소화하여 마음에 들여와야 한다. 이 점에서 에스겔의 특별한 경험은 성서에 대한 묵상의 중요한 단초를 제공하고 있다.

"그가 또 내게 이르시되 '인자야! 너는 받는 것을 먹으라. 너는 이 두루마리를 먹고 가서 이스라엘 족속에게 고하라' 하시기로 내가 입을 벌리니, 그가 그 두루마리를 내게 먹이시며, 내게 이르시되 '인자야! 내가 네게 주는 이 두루마리로 네 배에 넣으며, 네 창자에 채우라' 하시기에 내가 먹으니 그것이 내 입에서 달기가 꿀 같더라(에스겔 3:1~3)"

시편 기자도 1:2에서 "복 있는 사람은 그의 율법을 주야로 묵상하는 자로다"라고 하였다. 묵상이야말로 주님과 동행하는 임마누엘 축복을 받게 되는 유일한 비결이다.

## (2) 묵상의 목적

하나님과 나 자신을 아는 지식! 우리는 묵상을 통해 우리의 삶과 신앙의 가장 깊은 진리들에 대한 개인적 경험, 하나님의 진리 안에서 우리 자신을 발견하게 된다. 죄와 죽음에서 구원받은 하나님의 자녀로서 우리 삶의 의미를 이해하기 위해 우리 자신과 세계에 대한 진정한 평가를 얻기를 원해야 한다. 우리의 아버지이시고 구원자이신 하나님을 진정으로 사랑하는 지식을 얻어야 한다. 그분의 사랑 속에서 우리 자신을 잊어버리고, '그분 안에서 안식하기'를 원하고 그분의 말씀을 듣고, 우리의 전 존재로 그 말씀에 응답하기를 원하며 그분의 자비로운 의지를 알고, 그 의지에 온전히 복종하기를 원한다. 바로 이것이 묵상의 목표이자 목적이다.

## (3) 묵상의 방법

① 한 달에 하루는 침묵(silencio)으로

오늘날은 목회자가 단순한 마음을 가지고 살기에는 너무나 복잡다단하다. 우리는 잠시도 마음을 비우고 살 수 없는 꽉 찬 세상에 살고 있다. 또한, 빈자리에다 무엇이든지 채워

넣으려고 안달한다. 우리가 빈 것을 참지 못하는 것은 바로 빈 시간, 빈자리, 여백을 참지 못하고 거기에 무엇인가를 채워 넣으려고 하는 우리의 '만족(滿足)에의 욕구' 때문이다. 그러한 욕망과 함께 오늘날 우리를 병들게 하는 또 다른 질병은 '침묵에 대한 거부'라고 할 수 있다. 적절한 침묵이 동반되지 못한다면, 목회자는 곧 자기의 수원지가 말라버려 탈진하게 되는 비극을 맛보게 될 것이다.

침묵은 그 속에서 자신을 들여다볼 수 있고, 하나님을 만나는 시간을 통하여 새로운 언어를 준비하는 시간이 된다. 침묵은 영원에 잇대어 있다. 거기에 하나님이 계신다.

② 독거(solitude)

독거(獨居)는 '이 세계로부터의 분리'의 한 표현이다. 본래 독거란 외딴곳에 홀로 고독하게 거하는 것을 의미한다. 초대 수도자들은 이 독거를 삶의 방식으로 삼기 위하여 속세를 떠나 외딴곳(사막, 산, 깊은 숲 속)으로 들어갔다. 이들의 삶의 양식을 따라 오늘날에도 자신의 영성 생활을 개발하기 위해 노력하는 사람들은 홀로 거할 수 있는 장소와 환경에 매력을 느낀다. 고독은 우리가 회피해야 할 대상이 아니라, 우리가 대면하고 끌어안아야 할 대상인 것이다.그러나 고독한 삶을 사는 독거의 목적은 자기 혼자만의 세계를 구축하는 것이 아니다. 독거는 우리를 동료 인간들로부터 멀어지게 하는 것이 아니라, 오히려 진정한 하나님과의 친교를 가능하게 한다. 독거는 우리 시대가 당면하고 있는 중요한 문제들을 버려두고 떠나는 것이 아니라, 보다 깊이 참여하기 위해 취해지는 방식이다.

③ 성경 묵상(lectio divina)

이와 같은 침묵과 독거는 성경 묵상을 통해서 안내를 받아야만 한다. 하나님의 말씀으로 조명을 받지 못하면, 그것은 일반적 의미의 내성(內省)으로 그치고 말 것이기 때문이다. 성경 묵상은 모든 형태의 묵상을 바르게 유지시키는 틀이다.

묵상 기도에서 성경은 더 이상 인용을 위한 사전의 역할을 하는 것이 아니라 우리를 생명의 말씀으로 인도하는 '놀라운 생명의 원천'이 된다. 그것은 성경을 공부하는 것과도 다르다. 성경 공부가 성경 말씀을 쪼개고 분석하고 이해하는 해석이라면, 성경 묵상은 그 말씀을 내면화하고 인격화하는 것이다.

④ 기타 서적들을 위한 독서

우리는 많은 양서를 통하여 하나님을 만날 수 있으며 영성 개발에 큰 유익을 얻을 수 있다. 시냇물들이 모여 큰 저수지를 채우듯 날마다 독서를 통해 우리의 영적 저수지는 충만해질 수 있다.

독서는 규칙적으로 하는 습관을 가질 뿐만 아니라 조각시간을 이용하여 책을 읽는 습관을 가진다면 자신도 모르는 사이에 많은 영적 지식이 쌓인 자신을 발견하며 삶의 보람을 만끽할 수 있을 것이다. 그런 경험은 자신의 영성 계발에도 큰 유익이 될 것이다. 목회자의 산책 코스는 서점이 되도록 해야 한다.


## 🥬 03 외적인 경건생활

내적인 경건 훈련, 즉 '이 세계로부터의 분리'는 외적인 경건생활로 이어져야만 한다. 은퇴 목회자에게 있어서 외적인 경건생활은 '이 세계에로의 깊은 참여'가 되어야만 한다.

## (1) 청빈

현대 문화는 소유욕의 열병을 앓고 있다. 소유가 많으면 많을수록 성공한 사람이라는 평가기준, 즉 '소유=성공'이라는 등식이 현대인의 가치관이 되어버린 지 오래다. 그리고 작은 것에 대한 공공연한 무시, 크고 거대한 것들을 높이 평가하는 습관이 은연중 현대인들의 의식에 배어있다. 청빈은 하나님께 모든 것을 맡기는 삶을 사는 것이다. 그것은 곧 단순성의 추구이다.목회자는 바로 이 단순한 삶의 서약으로 부름을 받았다. 그러나 단순성은 우리 자신의 서약만으로는 이루어지지 않는다. 그것은 우리를 향하신 하나님의 사랑에 대한 깊은 묵상을 통해 추진될 수 있다. 맡기고 사는 삶은 우리가 하나님의 현존과 하나님의 풍성하신 사랑 속에 살아간다는 것을 의미한다.

하나님의 현존과 풍성하신 사랑을 경험할 수 있는 통로는 기도와 묵상이다. 묵상과 기도는 우리 영혼을 부요케 하고, 우리를 자족케 하는 능력을 공급하므로 청빈의 삶을 기쁨으로 감당하게 된다. 그리하여 이웃과 나누는 삶의 기쁨을 맛볼 수 있으며, 관대하게 자신의 것을 기꺼이 내어줄 수 있다.

우리의 롤 모델이 되시는 예수님도 영적인 풍요로움 속에서 검소하고 청빈한 삶을 사셨고, 믿음의 선진들의 공통된 특징도 무소유에서 자족하면서 감사의 삶을 사신 것이다.

## ⑵ 섬김(자원봉사)

목회자는 가정과 교회와 사회에서 지도적인 역할을 가지고 있다. 그런데 그 지도력이 어떻게 나타나고 사용되느냐에 따라서 권위주의냐 아니냐가 구분된다. 가장 권위 있는 리더는 바로 섬김의 리더십을 발휘한다.

은퇴 목회자들은 일선에서 일할 때와는 사뭇 다른 차원의 위치에 서게 된다. 현직에서는 자신의 직분에서 나타나는 권위가 있었다. 하지만 은퇴 이후에는 모든 사람으로부터 멀어질 뿐 아니라 모든 사람의 관심에서 멀어짐으로 소외감과 함께 약간의 열등의식에 빠질 수 있고, 그 결과 공허감이나 허탈감에 빠질 수도 있다. 그러나 여기에서 겸손하게 섬김의 리더십을 발휘하여 가정과 사회에서 자원봉사가 이루어지게 되면, 먼저 낮은 데로 임하게 됨으로써 주님을 만나게 되어지고 주님의 형상을 나타내게 되는 것이다. 나아가서 모든 사람으로부터 존경받고 사랑받는 은퇴 목회자가 될 것이다.

넷

은퇴
목회자의
건강관리
(전인건강)

　조기 은퇴하신 분은 몰라도 평균 70세 전후로 은퇴한다고 보면 은퇴 후는 이미 고령으로 신체적인 기능이 많이 떨어진 가운데 건강 상태가 대부분 좋지 않다. 더욱이 일선 목회 현장에서 많은 스트레스와 과로로 심신이 많이 지쳐 있기 때문에 은퇴 목회자들은 특별 건강관리를 해야 한다.

　필자는 노인 사역을 20년 가까이 하면서 요양병원에 입원하신 분들을 많이 보아왔다. 말년에 거의 10년 이상 병상에서 생을 보내고 질병으로 고통받다가 세상을 떠나는 분들을 보면서 인명은 하나님의 주권에 속한 것이므로 우리 마음대로 하지 못하지만, 살아 있는 동안은 우리의 몸이 성전인 줄 알고 잘 관리해야 인생 말년을 잘 보낼 수 있다는 것을 깨달았다.

여기에 꼭 기억해야 할 건강에 대한 중요한 진리가 있다. 전인건강이다. 즉 육체와 정신·영적 건강이다. 이 두 가지가 조화될 때 비로소 건강하다고 할 수 있다.

필자가 병원 사역을 하면서 직접 체험하며 취득한 건강 정보를 요약해서 우리 은퇴 목사님에게 꼭 전하고 싶다. 몇 가지 조언을 통하여 지금이라도 건강관리를 잘하여 행복한 노후를 보내야 할 것이다.

## 🌿 01 육신의 건강

### (1) 식이요법

의사의 원조인 히포크라테스는 '음식으로 못 고치는 병은 약으로도 못 고친다.'라고 했는데 과연 음식은 병을 치료할 뿐 아니라 예방도 해 준다. 반대로 잘못된 식생활은 우리의 건강을 해칠 뿐 아니라 질병을 더욱 악화시킬 것이다.

① 소식을 하자.
노인의 위장은 소화 기능이 떨어지므로 과식하면 윗배까

지 차오른다. 이때 횡격막이 올라가 심장의 정상적인 활동에 영향을 미친다. 게다가 음식을 소화시킬 때 대량의 혈액이 위장에 집중하므로 뇌와 심장에는 상대적으로 혈액이 줄어들어 심근경색이나 중풍을 일으키기 쉽다.

② 짠 음식을 많이 먹으면 안 된다.

노인이 음식을 짜게 먹을 경우 염분 섭취량이 많아져서 순환하는 혈액의 양이 많아진다. 게다가 노인의 신장은 염분 배설기능이 떨어지므로 염분이 축적되고 혈관이 수축되어 혈압이 올라가 심장의 부담이 커진다.

③ 육식을 가능한 한 적게, 채식과 과일을 많이 먹자.

육식은 동물성 지방이 많아 혈액 순환의 문제가 생길 수 있고 암 발병의 원인이 되기도 한다. 과일과 채소는 우리 몸의 신진대사를 원활히 해주고 각종 영양소의 공급원이니 골고루 섭취하도록 한다.

④ 식사는 천천히 하고 야식을 금하라.

천천히 씹을 때 소화흡수도 잘되고 면역력도 강해진다. 아침은 든든히 먹고 점심도 잘 먹되 저녁은 일찍 먹고 적게 먹으며, 7시 이후부터 야식을 피해야 한다.

⑤ 적당한 건강식품을 먹는 것이 좋다.
우리가 먹는 식단에서는 편식이 되어 있어서 결핍되기 쉬운 영양소를 건강식품으로 보충하는 것이 좋다.

⑵ **운동요법**

① 매일 30분 이상 걸어라.
약간에 땀이 날 정도로 걷기와 유산소운동을 하라. 너무 더울 때와 추울 때는 자제하고 실내에서 하라.

② 체조 및 스트레칭을 아침저녁으로 꼭 실행하라.

③ 운동 기구를 통하여 근력운동을 하라.

④ 손과 발을 많이 움직여라.

⑤ 올레길을 걷는 것도 좋다. (전국의 올레길 참고)

## (3) 수면 요법

잠을 잘 때 인체는 휴식을 취하고 피로를 회복하며 에너지를 재충전한다. 노인은 생리기능이 떨어지고 피로회복도 느리므로 잠을 8시간 이상 충분히 자야 한다.

① 일찍 정시에 취침하고(10시 이전) 가능하면 일찍 일어나는(5시 이전) 습관을 갖자.

② 숙면을 취하도록 취침 전에 족욕이나 간단한 운동을 한다.

③ 낮잠은 가능하면 적게(30분 전후) 자야 한다.

## (4) 호흡 요법

하나님이 우리 인간을 창조하실 때에 육신을 만드시고 그 코에 생기를 불어넣으셨다고 했다. 그래서 우리 생명은 호흡과 피에 생명이 있음을 알고 호흡법을 통하여 건강을 유지할 수 있다.

기상 시와 취침 전에 누워서 심호흡을 하는데 복식호흡을 해야 한다. 들숨 때나 날숨을 할 때 천천히(7-8번 숫자를 세면서) 하는데 10회 정도 하면 좋다.

### ⑸ 웃음요법

웃음은 우리 몸속에 있는 엔돌핀 호르몬을 활성화시켜서 면역력을 강하게 하고, 모든 세포를 이완시켜 혈액순환을 잘 되게 하며, 신진대사를 원활하게 한다.

하루 5분 이상 박장대소를 하면서 웃는다. 유머책이나 코미디 프로그램을 보는 것도 한 방법이다.

### ⑹ 물 요법

우리 몸은 70%가 물로 이루어져 있다. 그래서 수분 공급은 대단히 중요하다. 오염되지 않는 물을 가능하면 많이 드시는 것이 좋다. 너무 억지로 먹는 것은 좋지 않다.

아침 공복에 따뜻한 물 한 컵을 마시는 것은 대단히 좋다. 하루에 2000cc 정도 마시는 것이 좋다고 한다. 단 식사 전후 1시간 안에는 먹지 않는 것이 좋다. 가능하면 따뜻한

물을 마시도록 하는 것이 좋다.

### ⑺ 음악 요법

음악은 우리 정서를 안정시켜 주고 평안을 준다. 특히 찬양은 우리의 마음을 치유해 주고 영성을 강화시켜서 모든 영육 간을 강건하게 해준다.

고전 음악이나 찬양을 듣고 부르는 시간을 꼭 정하여 그 시간만은 우선순위로 할애하여 정기적으로 음악 치유시간을 갖도록 한다.

### ⑻ 여행요법

우리는 평상시 생활 패턴을 벗어나서 전혀 다른 경험을 하게 됨으로써 기분전환과 함께 새로운 에너지를 충전 받게 된다.

매일 혹은 주말과 공휴일에 가까운 지역에 여행 코스를 정해 혼자 혹은 가족과 함께 여행을 즐길 수 있고, 1년에 한 번씩은 해외여행도 권장할 만하다. 은퇴 목회자들은 선교 현장을 방문하는 것도 많은 도움이 될 것이다.

⑼ 기타 요법

각자의 체질과 환경에 따라 갖가지 건강관리 방법이 있을
것이다.

① 노인은 푹신한 의자에 앉으면 안 된다.
노인 중에서도 특히 장시간 앉아 있는 노인은 푹신한 의
자에 앉으면 안 된다. 이는 골반의 혈액순환에 영향을 끼쳐
서 둔부에 질환을 유발한다.

② 오랫동안 앉아 있다가 갑자기 일어나면 안 된다.
노인은 오랫동안 앉아 있다가 갑자기 일어나면 뇌 속의 혈
액이 상대적으로 감소하여 일시적인 빈혈이 생긴다. 머리가
어지럽고 눈앞이 침침해져서 쓰러지기 쉽다.

③ 똑바로 누우면 안 된다.
노인이 똑바로 누워서 자면 설근(혀를 움직이는 근육)과
인후부의 조직이 이완되어 호흡기를 막음으로써 호흡곤란으
로 인한 산소 결핍을 초래한다. 산소 결핍 상태가 오래되면
동맥 내벽의 삼투성이 높아져서 혈관 내에 지방질이 축적된

다. 이는 동맥경화를 촉진하여 고혈압, 관상동맥경화증 등의 발병 가능성을 높인다. 뇌조직에 산소가 부족하면 뇌동맥의 수축기능이 떨어져서 뇌의 기능이 저하된다.

④ 과다한 당분의 섭취를 삼가야 한다.

노인은 활동량이 적고 췌장의 기능이 떨어져 있다. 그러므로 당분을 너무 많이 섭취하면 간장의 지방질 합성이 촉진되어 혈액 속의 중성지방이 증가 되고 이에 따라 혈관의 경화가 가속 된다. 또 당분을 과다하게 섭취하면 뚱뚱해지기 쉽고 당뇨병이 발병할 가능성이 커진다. 그리고 당분은 산성이므로 당분을 과다하게 섭취하면 체질이 중성 혹은 약산성으로 변하여 체내의 알카리성 물질인 칼슘이 소모된다. 칼슘이 부족해지면 뼈가 약해진다.

⑤ 식사 후에 TV를 보면 안 된다.

노인은 식사한 후 바로 TV를 보면 안 된다. 왜냐하면, 이때는 소화기관에 혈액이 공급되어 소화를 시켜야 하기 때문이다. 그런데 TV를 보면 대뇌의 활동에도 혈액이 필요하므로 소화기관이 공급받는 혈액의 양이 감소하여 음식물을 소화하는 데 지장이 있다.

⑥ 이가 빠지면 의치를 꼭 끼워 넣어야 한다.

나이가 들면 치아의 상태도 안 좋아진다. 치아는 발음과 얼굴에 영향을 줄 뿐만 아니라 소화기능에도 영향을 주어 위의 부담을 증가시킬 수 있다. 이가 빠지면 관자놀이 관절의 기능이 떨어지고 남아 있는 치조골이 계속 위축된다. 얼굴의 1/3이 수축되거나 근육도 정상적인 힘을 잃는다. 주름도 많아지고 아귀가 아래로 쳐져서 한층 늙어 보인다. 또 아래턱의 위치가 이상해지고 그 기능도 떨어진다. 이의 빈자리를 방치하면 턱뼈가 뒤로 물러나서 이명 현기증의 증세를 보이기도 한다.

⑦ 노인은 식사 직후에 분주하게 걸으면 안 된다.

음식을 소화시키려면 복부의 혈관이 확장 충혈되는데, 이때 뇌에 공급되는 혈액의 양은 상대적으로 감소한다. 그래서 식사 후에는 졸음이 오는 것이다. 노인은 심장의 기능과 혈압 조절기능이 떨어지고 혈관도 좁아져 있으므로 식사를 하면 혈압이 떨어진다. 그러므로 식사 후 분주하게 움직이면 저혈압으로 인해 혼절하거나 실족할 수 있다.

⑧ 크게 화를 내면 안 된다.

노인이 일단 화를 내면 체내의 혈관을 지배하는 교감신경
이 흥분하여 전신의 소화 혈관이 수축한다. 이에 따라 혈압
이 올라가고 심장 박동이 빨라지며 심근에서 소모되는 산소
의 양이 많아져 심장의 부담이 커진다. 원래 질환이 있던 노
인은 병세가 더 심해지고 뇌출혈, 급성심근경색, 심장파열
등을 일으킬 수 있으며 심한 경우 심박동의 리듬이 깨져서
사망할 수도 있다.

⑨ 뚱뚱한 노인은 달리기 운동을 하면 안 된다.
비교적 뚱뚱한 노인이 달리기 운동을 하면 골격이 푸석푸
석해지고 인대가 딱딱해질 수 있다. 또 근육 아킬레스건 인
대 등에 손상을 입힐 수 있다. 그러므로 60세 이상의 남성과
50세 이상의 여성 중 뚱뚱한 사람은 달리기 운동을 하면 안
된다.

## 🌿 02 정신 건강

영과 육은 분리할 수 없다. 상호 보완적이고 유기적 관계
를 갖고 있다. 여기서 우선시 되어야 할 것은 정신건강이다.

이유는 정신 건강은 3차원이고, 몸 건강은 2차원이기 때문이다.

### (1) 소극적인 면

스트레스를 덜 받아야 한다. 정신·영적 건강의 주범은 스트레스이다. 제일 큰 스트레스는 인간관계이다. 인간관계에서는 갈등이 스트레스를 받게 한다. 갈등의 원인은 자존심과 자만이요, 편견과 오해인데, 주로 말로서 오는 갈등이 제일 많다. 이를 해결하기 위한 방법은 아래와 같다.

① 갈등의 결과가 해소되지 않으면 가져올 파탄과 불행을 미리 생각해보고, 잘 해결될 때의 행복을 생각하라.

② 어리석은 공격에 대항하지 말고 논쟁을 격화시키지 말라.

③ 용서를 서둘러라. 최대의 복수는 용서이다.

④ 과로를 피하라. 과욕을 버리라.

⑤ 웃음 요법과 음악요법, 여행, 독서, 충분한 휴식이 스트레스 해소에 도움이 된다.

⑥ 근본적인 스트레스의 해소 방안은 바로 십자가의 사랑밖에 없다.

(2) **적극적인 면**

① 일상생활의 감사를 회복하라.

② 긍정적인 사고와 말을 구사하라.

③ 양서를 많이 정독하고, 특히 성경 읽기를 통하여 전인 건강을 회복할 수 있다.

④ 경건생활, 즉 하나님과의 관계에서 정신적, 영적 건강을 유지할 수 있다.

어느 의사의 유언(실화)

어느 마을에 유명한 의사가 살고 있었습니다.
마을 사람들은 몸이 아프면 모두 그를 찾아가 치료를 받았습니다.
그는 환자의 얼굴과 걸음만 봐도 어디가 아픈지 알아내 처방을 하는 명의(名醫)였습니다.

그런 그가 나이가 들어 세상을 떠나게 되었습니다.
마을 사람들과 교회 목사는 임종을 앞둔 의사를 찾아가 그의 임종을 지켜보았습니다.

죽음을 앞둔 그가 사람들에게 말했습니다.
"나보다 훨씬 훌륭한 세 명의 의사를 소개하겠습니다.
그 의사의 이름은 '음식과 수면과 운동'입니다.
음식은 위의 75%만 채우고 절대로 과식하지 마십시오.
12시 이전에 잠들고 해 뜨면 일어나십시오.
그리고 열심히 걷다 보면 웬만한 병은 나을 수 있습니다."

말을 하던 의사가 힘들었는지 잠시 말을 멈추었습니다.

그리고 다시 말을 이었습니다.


"그런데 음식과 수면과 운동은
다음 두 가지 약을 함께 복용할 때 효과가 있습니다."
사람들은 조금 전보다 의사의 말에 더 귀를 기울였습니다.
"육체와 더불어 영혼의 건강을 위해 꼭 필요한 것은
'웃음과 사랑'입니다.
육체만 건강한 것은 반쪽 건강입니다.
영혼과 육체가 고루 건강한 사람이 되십시오.
웃음의 약은 평생 꾸준히 복용해야 합니다.
웃음의 약은 부작용이 없는 만병통치약입니다.
안 좋은 일이 있을 때는 많이 복용해도 됩니다.
사랑 약은 비상 상비약입니다.
이 약은 수시로 복용하십시오.
가장 중요한 약입니다."


의사는 자신이 살면서 깨달은 가장 중요한 것을 알려준 후
평안한 모습으로 조용히 눈을 감았습니다.
우리는 돈도 안 드는 이 약을 얼마나 섭취하고 있습니까?

다섯

# 은퇴
# 목회자의
# 여가생활

　여가 개념의 첫째는 시간을 중심으로 한 정의로서 24시간 중에서 일하는 시간과 신체적, 생리적 기본욕구 충족의 시간을 제외한 나머지 시간을 의미하는 것이고, 둘째는 활동의 질을 중심으로 한 개념으로서 주관적인 판단에 의하여 자유와 평화를 느끼는 활동을 의미하는 것이며, 셋째는 첫째와 둘째가 결합된 정의로서 기분전환, 사회적 성취 및 개인적인 발전을 위해 사용되는 활동의 시간을 의미한다고 정의하였다.

　노인의 여가활동 유형은 그 분류방법에 따라 매우 다양한 형태로 분류할 수 있다. 유형을 통하여 본인의 적성과 취미에 맞추어 잘 활용하면 될 것 같다.

## .** 여가활동 유형

### ① 조작적 활동

주로 손과 도구를 이용하는 자동차 수리, 사냥, 당구, 소일거리 등

### ② 공작적 활동

재료를 이용하여 대상을 만드는 의상 디자인, 뜨개질, 요리, 종이접기 등

### ③ 지적 활동

활동자의 지적요구를 충족시키는 독서, 그림, 음악감상, 영화감상, TV 시청, 바둑, 서예, 국악기 배움, 인터넷 등

### ④ 일상적 활동

일상 주변에서 행할 수 있는 정원 가꾸기, 친구 방문, 일광욕, 여행, 외식, 자원봉사, 쇼핑 등

### ⑤ 스포츠 활동

활발한 신체 활동을 필요로 하는 야구, 축구, 배드민턴,

조깅, 등산, 수영, 게이트볼, 경기 관람 등

#### ⑥ 영적인 활동

여가를 통하여 경건생활과 함께 영적 성숙의 기회로 삼는 것으로 찬송 연습, 신앙 간증문 쓰기, 손자 손녀 성경 이야기 들려주기, 가족 성경퀴즈 대회, 성경 암송, 성화영화 감상하기 등

#### ⑦ 저술 활동

많은 경험과 경륜의 생각과 자료들을 정리하여 책으로 출간되면 아름다운 유산이 될 것이다.

또 다른 유형으로 분류하면 행위자의 여가 형태를 기준으로 '하는 여가'인 능동적 여가와 '보는 여가'인 수동적 여가로 나누기도 한다. 또한, 신체적, 심리적, 사회적 범주 안에서 스포츠, 사회적, 문화적 행동으로 참여의 질과 양에 따라 여가활동을 분류하기도 한다.

여가를 활동개념으로 본다면 노동이나 가족, 사회의 의무로부터 해방되어 휴식하고, 오락을 위하여 지식을 습득하거나, 자발적 사회참여, 창조적 노력의 자유로운 실현을 위해

스스로 참여하는 활동이라고 본다. 집단 여가활동의 형태를 오락, 취미활동, 학습활동, 봉사활동으로 분류할 수 있다.

이상 여가 형태의 분류를 살펴본 바와 같이 노년기의 여가 형태는 개인의 연령, 건강상태, 경제적 수준, 교육 정도 등 인구사회학적 특성과 과거의 생활관습 혹은 인생의 목표 등에 따라 다양하다. 여가활동 유형도 활동 장소, 활동 목적, 관계 범위 등에 따라 다양한 유형으로 분류가 가능하다.

우리나라 노인들의 집단 여가활동은 대체로 오락·취미활동에 치중되어 왔다. 과거 사랑방으로부터 유래된 경로당 중심의 여가활동과 최근 확대·발전하는 노인종합복지관 중심의 여가활동에는 큰 차이가 없는 것 같다. 그 이유는 복지관을 찾는 노인들이 학습이나 봉사활동보다는 우선 오락취미활동에 더 관심을 두는 것 같고, 그곳에서 노인의 여가프로그램을 개발하는 요원들의 노인 복지에 대한 인식이나 비전에도 개선할 점이 있기 때문이다.

은퇴 목회자들은 사실 불신자들이 모이는 경로당이나 복지시설에 가서 여가 보내기가 쉽지 않다. 전혀 다른 문화에서 수많은 세월을 보냈기 때문에 부자연스럽다. 그래서 은퇴 목사님들의 모임을 선호한다.

필자가 현장 목회할 때 동역자 몇 분과 은목 교회를 설립하고 은퇴 목사님을 섬긴 일이 있다. 그때에 많은 목사님이 모여서 예배나 친교, 여행도 하며 여가를 잘 보내기도 하였다.

그러나 여러 가지 사정으로 모임에 참석하기가 쉽지 않다. 그래서 필자는 통 큰 마음으로 불신자가 모이는 곳에서 직간접으로 전도할 목적으로 신분을 밝히고 적극적으로 모임에 참여하고 있다. 사랑으로 섬기다 보면 그곳이 다락방 교회가 될 수 있을 것이다.

금방 그들이 호응하지는 않을 것이다. 그러나 그들의 외로움을 달래주고, 그들에게 좋은 말씀을 들려주며, 상담을 통하여 위로 격려한다면 언젠가 그들의 마음 문이 열리고 복음의 좋은 접촉점이 될 것이다.

은퇴 목회자가 여가 선용을 잘하여 믿음을 정진하고, 아울러 외로움을 극복하고 더 나아가 복음을 전할 기회로 삼는다면 일석이조의 효과를 거두게 되어 행복한 노후가 될 것이다.

여섯

은퇴
목회자의
가족관계

　노년기에 가장 중요한 과제는 변화해가는 자신과 환경에 적응에 나가는 것이다. 실제로 노인 단독 가구는 노인 스스로 가사를 담당하고 일상생활을 직접 수행하고 관리하는 데 많은 어려움을 호소하고 있다. 그중에서도 가족 관계가 심각한 문제로 다가올 때가 많다.

　사회의 다변화로 가족 문화도 너무나 빨리 많이 변화되므로 여기에 대처하지 못한 은퇴 목회자들도 마찬가지로 많은 시행착오를 하고 있다.

　여기에서 문제점들을 발견하고 문제를 해결해 나가는 방안을 몇 가지 제시해 보았다.

# 🌿 01 노년기 부부의 갈등 문제

한국 전통사회 가족관계의 중심 축은 부자(夫子)관계에 있었으며, 부부관계는 이차적이었다. 하지만 오늘날 가족의 중심은 부부에게로 그 축이 옮겨졌다는 것은 누구나 아는 사실이다.

특히 평균수명의 연장과 출산 자녀 수의 감소로 막내 자녀의 출가 이후 부부만이 남게 되는 기간이 길어지게 되면서 자유롭게 생활할 수 있는 중·노년의 기간이 크게 연장되었다.

노년기 부부가 어떤 형태이든 얼마만큼 자신의 생활에 적응하며 만족해할 수 있는가는 성공적인 노화와 크게 관련된다. 노년기에는 한쪽 배우자나 혹은 쌍방이 은퇴하고 대부분 하루 시간을 함께 보내게 되는데 따르는 재적응이 필요하게 된다. 남편이 직업에서 은퇴하고 매일 집에 있게 되면 아내에게는 지금까지의 생활 습관이 무너지고 흐트러지는 현상이 일어난다. 남편이 일하러 나가 있는 시간 동안에는 외출도 자유롭게 할 수 있었는데 남편이 집에 있게 되면 외출 시 남편의 식사, 남편의 기다림이 마음에 걸려서 집에 오는 것을 서둘러야 한다거나, 친구가 마음대로 집에 놀러 올 수도 없게 되거나, 남편이 익숙하지 않게 청소 등을 하면 오히려 도와주어야 하는 상황이 되는 등, 노년기는 일상의 생활 습관 등을 수정하지 않으면 안 되는 불편함이 따르게 된다.

또한 노부부 중 어느 한쪽의 건강이 나빠지게 되면 누군가의 간병이 필요하다. 이런 경우 상대방을 돌보아야 하는데 아무리 건강한 노인이라도 신체적으로 상당히 노쇠한 부부가 상대의 간병을 하는 것은 신체적, 정신적으로 커다란 부담이 된다. 그러므로 갈등의 골은 깊어질 수 있다.

## ** 부부갈등 해결을 위한 제안

### ① 공소시효를 지켜라

"해가 지도록 분을 품지 말라"는 성경 말씀처럼 부부싸움은 그날로 끝내야 한다. 필자 역시 아내에게 서운한 일이 생기면 먼저 사과하고 그날로 섭섭한 감정을 푼다. 감정을 다 푼 후에 섭섭했던 일을 솔직하고 짧게 1분 안에 말한다. 길게 말하면 효과가 없다. 이때야 비로소 서로가 이해가 되고 화해가 된다.

② '너나 잘해'에서 '나만 잘하면 돼'로 바꾸어라

부부 갈등의 해결점은 나부터 변하는 것에 있다. 사실 다른 사람을 변화시키는 것보다 내가 먼저 변하는 것이 훨씬 쉽다. 작은 것부터 조금이라도 변하려는 노력이 있으면 도미노 현상처럼 부부 관계가 확연하게 달라진다.

③ '지금 이곳'의 갈등 상황만 다루라

과거 이야기는 거론하지 않아야 한다. 부부싸움에도 타임아웃을 정하라. 부부가 서로 제시한 시간 중 긴 시간에 맞추고 타임아웃이 되면 부부는 정리된 감정으로 대화한다.

④ 갈등을 표출할 때에 '나 전달법(I message)'을 하라

"당신이 어떻게 그런 말을 할 수 있어?", "당신이 그렇게 말하는 게 꼭 나를 무시하는 것 같아 섭섭했어요." 두 말에는 대단한 차이가 있다. 배우자를 미워하고 공격하는 첫 번째 말이 아닌 두 번째 말처럼 배우자의 행동으로 내가 느낀 감정만을 표현하는 '나 전달법'으로 부부갈등을 풀어가자.

⑤ 배우자가 잘못을 인식했다면 고칠 점을 행동으로 옮길 때까지 기다려주라

배우자가 조금이라도 변화를 보이면 넘치도록 칭찬을 해 주어야 한다. 그리고 인내하면서 완전하게 변화가 될 때까지 기다려 주자.

⑥ 부부 싸움을 풍경화로 만들지 말라

한마디로 동네방네 소문나는 싸움을 하지 말라는 뜻이다. 이웃이나 친정, 시댁이 모르게 하라.

⑦ 갈등 상황에서도 유머라는 양념을 준비하라

## 🍃 02 노년기 부모와 자녀와의 갈등

전통 사회에서는 부모는 자식을 낳아서 기르고, 교육하고, 장성하면 결혼시켜 상속해주는 의무를 가지며, 자식은 부모를 봉양하고 효도하며, 사망하면 장례를 치르는 것이 관습이었다. 그러나 현대 사회에서는 이와 같은 전통적인 관습이 차츰 사라져가고 있어 일방적으로 도움을 받으려는 경우 갈등이 심화된다.

노부모와 성인 자녀 간의 갈등은 세대 간의 차이에서 오는 갈등과, 의존성에서 오는 갈등으로 요약된다. 먼저 세대 간의 차이에서 오는 갈등은 어느 시대 어느 사회에서나 있는 일이지만 현대사회에서의 세대 차이에서 오는 갈등은 더욱 심각해지고 있다.

즉 노인은 가족 내의 연장자로서 그들의 삶을 통해 축적해온 지혜를 자녀에게 전달하고 자신이 필요한 인물이라고 느끼고 싶어 하는 욕구가 있으며, 이러한 요구는 자녀가 노부모의 이야기에 귀 기울여 줄 때 충족된다. 즉 노부모의 가치와 관심사가 성인 자녀에게 전달되고 상호 이해될 때 노부모의 만족도는 높아진다.

그러나 부모-자녀 관계에 있어서 각각의 세대는 시대적인 성장배경이 다를 뿐만 아니라 연령에 있어서도 20년 이상의 차이가 있고, 수평 문화에 길들여지면서 두 세대 간에 사상이나 가치, 추구하는 이상과 방향, 취미 등에서 상당히 다를 수밖에 없기 때문에 갈등은 발생할 수밖에 없다.

의존성에서 오는 갈등으로 노인의 의존성은 경제적 의존성, 신체적 의존성, 정신 능력의 의존성, 사회적 의존성, 심리적인 의존심 등으로 구분될 수 있다.

노부모의 의존은 노년기의 건강 악화와 경제적인 취약성이 주요인이며 성인 자녀는 실제로 도움을 제공하는 관점에서 갈등을 느끼게 되는데 노부모가 아주 의존적이면서도 그 자녀에게 계속해서 충고, 훈계 등을 고집하는 상황이라면 갈등 문제는 더욱 악화될 수 있다. 노부모와 성인 자녀 간의 갈등은 그것이 세대 간의 차이에서 오는 것이든, 의존성에서 오는 것이든 이러한 현상이 불과 몇 년 사이에 급증하고 있을 뿐만 아니라 최근 들어서는 부모–자녀의 갈등으로 집을 나온 노인과, 자식으로부터 유기당하는 노인의 수까지 증가하고 있다.

## .⁎. 부모와 자녀 간의 갈등 해소 방안

### ① 지나간 때인 것을 인정하고 받아들이자

우리가 젊었던 20, 30대는 오직 우리만이 공감하는 시절 이야기다. 현재의 젊음은 지금의 20, 30대 그들의 것이니 인정하고 이해해줘야 한다.

### ② 수직적 관계가 아닌 수평적인 관계를 맺으라

시니어 세대는 가부장적인 분위기를 당연하게 받아들이며 살아왔다. 하지만 상황이 달라졌다. 지금은 명령하면 따라야 하는 군대식 관계가 아닌 함께 고민하고 문제를 헤쳐나가는 수평적 관계 맺음이 기준인 시대다.

③ 다양한 사람들을 만나라

나이가 들수록 만나는 사람들에 제한이 생긴다. 다양한 연령과 분야의 사람들을 만나는 폭넓은 활동을 시도해보자. 내가 경험하지 못한 입장과 시선을 교류하다 보면 고정관념과 가치관에도 큰 변화가 올 것이다.

그들의 이야기에 귀 기울일수록 더 많은 것을 배우고 채울 수 있을 것이다. 지나온 환경도, 생각도 다르지만, 세대로 벽을 세우지 말고 내 자식, 가족이라고 생각하고 상대의 입장에서 한 번 더 생각해 보는 건 어떨까?


## 🌿 03 고부관계

전통사회 며느리의 입장에서 볼 때 아들은 시가에서 자신의 위치를 달라지게 하는 통로가 되므로 기대와 애정을 쏟을 수 있는 투자적인 존재가 되고, 아들의 입장에서는 보은에 보답하려는 효(孝) 사상으로 어머니를 섬기게 되므로 밀착된 모자 관계를 이루게 된다. 이처럼 전통사회에서 고부관계는 처음부터 불균형한 애정의 교류에서 출발하고 있다.

부계가족에서 아들에 대한 지나친 기대와 선호, 약화된 부부관계에서 오는 아들에 대한 어머니의 애정적 투사 등의 모자 관계의 밀착성이 고부갈등의 악순환적인 발생을 초래한다.

현대사회에서 고부갈등의 발생 요인은 이렇다. 부모 세대로부터 자녀 세대가 독립할 때, 부모 세대가 경제활동을 하는 경우를 제외하고는 결혼 초기부터 가사 관리권을 며느리가 갖는 경향이 있다. 가치관의 변화로 인한 전통적 가족규범의 붕괴로써 며느리에 대해 절대적이던 시어머니의 역할이 의존·협력적 역할로 전환되고 있으며, 또한 며느리의 교육수준이 높아져서 무조건 순종하고 인내하던 며느리의 지위에 반발해, 불만을 공공연히 표명하고 권리를 주장하게 되었다.

애정 구조면에서 보면 아들을 사이에 둔 고부간의 애정갈등은 어머니의 아들에 대한 애착과 기대가 과도히 크고 또 그것이 다른 합리적인 방향으로 전환되지 않는 한 피할 수 없는 문제이다. 따라서 여전히 현대사회에서도 고부갈등이 발생하는 요인이 되고 있다.

## ** 고부갈등의 해결방안(공통점)

① 갈등을 해소시킬 수 있는 방법을 각자 나름대로 갖고 있어야 한다.

② 자신의 생활을 가지려는 노력을 하며 상대방의 생활을 이해하고 존중해야 한다.

③ 남편이 고부간의 갈등문제에 중재 역할을 담당할 수 있도록 해야 한다. 특히 남편은 중립적이며 포용성 있고 책임감 있는 마음으로 지혜롭게 개입해야 한다.

④ 문제를 회피하지 말고 고부간에 직접적인 대화를 통해 문제의 중요성을 인식하고 협상 과정을 거쳐 해결해 나가도록 해야 한다.

⑤ 자신의 신체적 증상이나 정신적 불안정이 고부간의 갈
   등과 밀접한 관계가 있는지를 잘 통찰해서 전문적인 가
   족치료나 상담을 통해 도움을 받도록 해야 한다.


## 🌿 04 조부모 – 손자녀 관계

조부모–손자녀 관계에서 어머니의 역할은 중요한 영향을
미치는 변인으로 나타나고 있다. 조모와 손자녀의 접촉이 적
을 때는 그들의 관계가 중간 세대에 의해 중재되며, 반면에
접촉이 많을 때는 그 관계가 직접적이다.

청년기 대학생들을 대상으로 한 조부모와의 유대감 연구
를 보면, 외가와는 애정적 유대감으로, 친가와는 가계 연속
감으로 인지되고 있다. 핵가족의 증가나 핵가족 이념의 영향
으로 친가·외가 구별 없이 조부모와 접촉할 수 있게 되며 특
히 어머니의 영향에 의해 외조부모와 손자녀의 관계가 좋아
지고 결과적으로 손자녀가 느끼는 유대감이 높아지게 된다.

아동이 지각하는 친조부모와 외조부모에 대한 역할 기대
나 친밀도에서 차이가 있다. 비교적 친조모와 외조모 모두에
대한 심리적 친밀도는 높은 편이나 친조모에게 훈계자 역할

이, 외조모에게는 대리모 역할이 기대되며 친조모보다는 외조모와 더욱 밀접한 관계를 맺어 외조모와 더 자주 만나고 있다.

## 🌿 05 형제자매 관계

### (1) 현대사회의 형제자매 관계의 중요성

① 가족 규모의 축소는 형제자매 수의 감소와 형제자매 간의 나이 차이 감소를 가져왔고, 이것은 형제자매 간의 상호 의존성을 증가시키고 강도를 강하게 하는 요인이 되고 있다.

② 평균수명의 증가로 형제자매가 함께 살아가는 시간이 길어지고 더욱이 자녀들이 성장해서 모두 떠나고 배우자 사망 후 홀로 남는 노인들에게 있어서는 사회적 지지의 제공자로 형제자매 관계가 중요하게 부각되고 있다.

③ 현대 사회의 지리적 이동성은 기존의 사회적 관계망의

단절을 가져오게 되며, 이런 요인은 고정적이며 지속적 특성을 갖는 형제자매 간의 관계를 더욱 강화시키게 된다.

### ⑵ 노년기 형제자매 관계의 유형

① 친밀형(intimate)

형제자매 간에 특별한 밀접성을 유지하고 빈번한 감정적인 지원을 하며 일주일마다 접촉을 하고 심리적인 관련도에서도 매우 높은 관계를 유지하고 있는 형태이다.

② 합치형(congenial)

형제자매 간에 적당한 수준의 밀접성이나 심리적 관련도를 갖고 있으며 또한 적당한 도구적인 지원 및 정서적인 지지를 하고 있는 형태이다.

③ 충실형(loyal)

친밀도나 심리적 관련도에서 낮게 나타나고 있으며 형제자매 관계에 대해서도 단지 부분적인 승인을 나타내고 있다. 적당한 수준의 적개심이나 시기심이 있고 약간의 도구적인 지원을 하는 것으로 나타나며 접촉은 빈번하지 않고 정서적인 지지도 드문 것이 특징이다.

④ 냉담형(apathetic & hostile)

거부반응이 매우 높게 나타나는 형이다. 즉, 적개심이나 시기심이 매우 높게 나타나고 접촉은 매우 드물게 일어나고 있으며 심리적 관련도가 거의 없는 것으로 나타나고 있다.

위 유형 중에 우리 자신들이 어디에 속하는지 살펴보고 긍정적인 쪽으로 나아 가도록 노력해야 할 것이다

은퇴 이후 로이드 존스는 두 딸의 집에서 번갈아 가며 지냈다. 두 딸에게는 각각 3명의 손주들이 있었다.

그는 성인 손주들과는 정치, 시 등 토론을 함께 했고, 어린 손주들 하고는 게임을 즐겼다. 조금 더 어린 손주들 하고는 텔레비전 프로그램, 레슬링 등에 관해 기꺼이 함께 얘기를 나누었다. 책을 사주기도 하고 책 얘기를 들려주기도 했다. 그뿐 아니라 형제, 친척들과도 가까이 지냈다.

이렇게 그에게 있어서 목회 은퇴는 가족들과의 친밀한 관계를 돈독히 하며 행복한 가정생활을 만끽할 수 있는 중요한

기회였다.

목회 일선에서 너무 바쁜 나머지 가족들의 생활을 방치하다시피 하는 한국교회의 일반적 현실을 감안할 때, 목회 현역에서는 물론, 은퇴 후에도 더욱 가정에 충실할 수 있는 좋은 기회임을 자극받게 된다.


## .*. 가족과 아름다운 추억 만들기

가족과 노후를 행복하게 살기 위해서는 아름다운 추억이 있어야 한다. 한국교회가 존경하는 고 옥한흠 목사님은 이 점에서만은 안타까움을 남기셨다. 목사님의 하관식 때 유족석에 있던 사모님과 세 아들이 갑자기 목사님의 영정 사진을 가운데 두고 가족사진을 찍었다. 그리고 장례 예배를 마치고 축도를 하기 직전 옥 목사님의 둘째 아들이 앞으로 나와서 대뜸 이런 말을 했다.

"조금 전 우리 가족이 아버지 관 앞에서 사진을 찍는 것을 보고 이상히 여기셨을 것입니다. 그런데 우리가 사진을 찍은 것은…" 하면서 눈물을 훔치기 시작했다. 그리고 말을 잇기를 "우리 아버지는 제자 훈련에는 능하셨으나, 가족을 돌아보는 데는 무지하셨습니다. 모르셨기 때문에 저는 아버지를 용서하려고 합니다."

옥 목사님은 변변한 가족사진 한 장 남기지 못하신 것이다. 얼마나 안타까운가? 은퇴 목회자는 이런 우를 범하지 않아야 한다. 그리고 작은 섬김으로 가족들과 아름다운 추억을 만든다. 방 청소와 설거지를 하고 빨래도 갠다. 하지만 가족 간에는 사랑과 신뢰가 무엇보다 중요하다. 가족을 존중히 여기고 인격적으로 대한다.

세 치 혀를 조심하자. 입술의 30초가 가슴 속에서는 30년을 간다고 한다.

일곱

은퇴
목회자의
경제생활

또 한 가지는 경제적인 문제이다. 원로목사로 추대된 경우는 조금 낫다. 그러나 어려운 교회에서 은퇴한 목사님들은 교단에서 주는 조그마한 은급비(큰 교단은 100여만 원, 작은 교단은 50~60만 원 정도)에 전적으로 의지하고 사는 분이 70% 이상 된다. 또한, 우리나라는 어느 정도 국민연금제도가 되어 가고 있지만 교회 내의 목회자들에게는 아직 미흡하다.

매슬로우의 위계적 욕구이론을 고려할 때, 인간의 욕구 중 생리적 욕구와 안전의 욕구가 우선적으로 충족되어야 하는데, 이런 점에서 은퇴 목회자의 경제적 문제와 주거문제가 충분히 해결되지 못하면 노후의 위기에 쉽게 노출될 수 있다. 이 두 영역의 은퇴준비가 잘 이루어진다면 은퇴 목회자의 노후준비가 전반적으로 잘 이루어질 수 있을 것이다.

그리고 은퇴목회자는 노후소득보장 수준에서 열악함이 드러났다. 제도적 차원보다는 가족 및 교회, 노회 등에 의존된 개인 차원의 노후소득보장이 주류를 이루어서 상황에 따라 경제적 위기에 처할 수 있는 위험성을 안고 있다. 따라서 제도적 차원의 노후소득보장 체계를 강화할 필요가 있다. 은퇴 목회자의 안정적인 노후소득보장을 위해서 다층노후소득보장 체계가 구축되어야 하는데, 국민연금 가입이 우선적으로 이루어져야 할 것이다. 응답자의 국민연금 수급 비율이 20% 수준이어서 가능한 한 교회는 목회자의 은퇴를 대비하여 국민연금 가입을 할 수 있도록 해야 할 것이다.

또한, 국민연금만으로는 안정적인 노후생활을 유지하기가 어려우므로 교단 차원의 은급(연금)제도를 보완적으로 마련해야 하며, 목회자 개인적으로도 개인연금 혹은 노후소득원을 마련할 수 있도록 함으로써 다층노후소득보장 체계가 구축되도록 해야 할 것이다. 그런데, 교회가 직접 은퇴한 목회자에게 생계비를 지원하기보다는 공적 혹은 교단적 차원의 소득보장이 이루어지도록 준비하는 것이 필요하다. 왜냐하면 교회가 은퇴한 목회자를 지원할 수 있는 상황이 지속될 것을 장담하기 어렵기 때문이다.

당장 먹고 살기 빡빡하다며 교단 연금에도 가입하지 않은 목회자들이 하는 이야기는 "하나님께 내 인생을 맡겼다."는 말이다. 하나님 믿고 현실적인 대책은 하나도 세우지 않았다는 뜻이기도 하다. 목회자가 먹고사는 세속적인 고민을 하는 것이 믿음이 없어 보이는 시대는 지났다. 은퇴 후 생계유지조차 어려운 상황은 평생 쌓아온 공적을 무너뜨릴 수도 있다는 사실을 알아야 한다.

## ✱✱ 은퇴 선교사도 예외는 아니다

최근 선교계에서는 '은퇴 선교사' 문제가 화두로 떠오르고 있다. 1980년대 선교사 파송이 활기를 띠기 시작했고, 그로부터 30년이 지난 2020년을 기점으로 은퇴 선교사 수가 기하급수적으로 늘어날 것이라는 우려 때문이다.

선교계는 이미 수년 전 선교에 은퇴라는 제도를 두지 말자고 제안한 바 있다. "직분은 사임해도 에너지를 살려 현지에 남아 임종을 맞이하는 종신 선교를 수행하자"는 것이다. 하지만 이를 위해서는 종신 선교를 돕기 위한 한국 교회의 제도적 변화가 필요하다. 은퇴 선교사 문제를 선교계가 고민하는 이유도 여기에 있다.

사람이 어려운 환경에 처하면 "나는 왜 이렇게 살고 있는가? 나도 남이 태어날 때 같이 태어나서 남들과 같이 먹지도 입지도 못하고 이 모양으로 살아야 하는가?"라고 한숨인지 원망인지 알 수 없는 말을 내뱉는 것을 우리 주변에서 종종 들을 수 있다. 그러나 듣는 자들 편에서는 반응이 상반되어 긍정적으로 동정하는 사람도 있는가 하면 반대로 부정적으로 비판하는 사람도 있다.

그뿐만이 아니다. 하루 세끼니 식사를 해결하기 위하여 파지(破紙)를 줍거나, 공공근로라도 해서 살아보겠다고 70이 넘은 나이로 삶의 전선에 뛰어들어 몸부림치며 하늘을 바라보고 속으로 '주님' 부르면서 남모르게 눈물 흘리는 은퇴 목사들을 총회는 방치만 하고 있을 것인가? 전국적으로 당장 생계가 어려운 은퇴 원로 목사의 딱한 사정을 자세하게 파악해서 대책을 세워야 한다.

어려운 생활로 울고 있는 은퇴 목사들을 방치만 하고 있을 것인가? 이것은 한국 교계에 주어진 매우 어려운 숙제라

고 생각하며 누군가는 소리 없이 삶의 어려움으로 울고 있는
목사들을 찾아가 그들의 눈물을 씻어줘야 한다고 생각한다.


## ** 은퇴 목회자의 경제문제 대안

① 개척 교회나 농어촌 미자립교회의 은퇴 목회자의 근본
   적인 대책은 대형교회와 교단적인 차원에서 연구되고
   추진되어야 한다. 현재도 이 문제를 놓고 많은 노력을
   하고 있음을 알고 있다. 단기 대책과 함께 장기 대책을
   세워서 현 상황에서부터 응급대책이 필요하고 나아가서
   고령화 시대에 걸맞은 정책을 개발해야 될 줄 믿는다.

② 우선 건강한 은퇴 목회자들은 사역지를 찾는 데서 경
   제 문제가 해결될 수 있다. 일꾼은 언제나 일용한 양식
   이 보장되는 것이다. 필자가 편집한 본서의 은퇴 목회자
   의 연장사역에서 상세하게 소개해 놓았으니 참고 하시
   기를 바란다.

필자는 조기 은퇴를 하고 아무것도 가진 것도 경험도 없

었지만, 의료사역 쪽으로 연장 사역을 찾아 지금까지 일용한 양식을 보장받으며 생활하고 있다.

③ 몸이 불편하거나 너무 연로하셔서 도저히 사역이 불가 능하신 분들은 지금까지 주의 나라를 위하여 헌신하신 분들이기에 살아계신 주님께 간절히 기도할 때에 일용 한 양식으로 꼭 응답받으실 것이다.

주님이 가르쳐 주신 기도문을 기억하고 잠언 30장 아굴 의 기도를 연상하면서 적어도 하루에 10번 이상 기도할 때 까마귀가 날아올 것이다. 만물의 주인 되신 주님께서 구하는 자에게 주시지 않겠는가?

# 은퇴
# 목회자의
# 웰다잉
# (Well-dying)

죽음이란 우리 인류의 가장 큰 고민이고 과제이다. 첨단의 과학과 의술이 이렇게 발전되어도 아직 생로병사 문제를 해결하지 못하고 있다.

다행하게도 우리 은퇴 목회자들은 이 문제의 해답을 알고 많은 사람에게 가르쳐 주면서 지금까지 사역해 왔다. 그러면서도 정작 어떤 목사님들은 소천할 때 엄청난 고통을 받으면서 불안해하고 죽음을 두려워하는 모습을 보인다. 안타까운 일이다.

그 이유는 그 구원에 대한 믿음이 없어서가 아니라 준비가 되지 않아서 그런 것이다. 우리는 태어날 때에 적어도 열 달은 예비 산모가 태아를 위하여 준비한다. 그러나 출생보다 더 중요하다고 보는 죽음에 대하여는 막연하게 생각하면서 "죽으면 천국 가겠지" 하고 준비를 하지 않는 데서 문제가 생기는 것이다.

필자는 약 20년 가까이 호스피스 사역을 하면서 수많은 사람의 임종을 지켜 보았다. 그런데 임종자 중에는 교회의 중직자도 많았는데, 그들은 오히려 불신자가 전도를 받아 임종을 준비하여 평안하게 돌아가시는 것보다 더 불안해하고 고통스럽게 가신다. 그런 모습을 보면서 우리 은퇴 목사님도 철저한 죽음 준비로 정말 임종을 통하여 하나님께 영광을 돌리고 복음 전도의 기회로 삼아야 한다고 생각했다.

웰다잉(Well-dying)이란 준비된 죽음, 아름다운 죽음을 의미하고 있으며 사전에 죽음에 관한 사항을 준비하자는 것이다.

살아온 개인의 역사를 메모하고 그것을 통해 '의미부여'를 해보며, 기대수명까지 남은 생애 기간을 산출해 보고 그 기간 내에 해야 할 일과, 하고 싶은 일을 메모해서 차근차근 추진함으로써 죽음을 차분하게 맞이하는 것이 웰다잉의 목적이다. 이러한 인식이 확산되면서 나타난 '웰다잉'은 이제 더 이상 '당하는 죽음'이 아니라 '맞이하는 죽음'이 되어야 한다고 강조하고 있다.

'의미부여'와 '아름다운 죽음의 준비'를 통해 삶의 의미를 더욱 더 값지게 하고 열심히 살아갈 수 있다는 게 웰다잉이다.

죽음의 종류를 크게 2가지로 나누면 헛된 죽음과 복된 죽음이다. 헛된 죽음이라 하면 동물적 죽음이다. 즉 자기에게 주어진 수명을 다하지만 아무런 작품을 남기지 못하고 가는 죽음이다. 이런 사람은 허무감을 느끼면서 죽음의 두려움과 고통 속에서 가는 경우가 많다.

복된 죽음은 죽음 준비를 잘하여 아름다운 믿음의 유산을 물려주고 기도하다가, 찬양하다가, 전도하다가, 예배하다가 가는 분들이다. 이분들은 죽음 앞에 평안하며 담대하게 주님을 맞이하는 자들이다.

준비된 죽음이 아름답다. 그러기 위해서 필자가 수년 동안 기도하고 준비한 내용을 공개하고자 한다.

## 🌿 01 인생 설계도

### 1단계: 나의 성장 배경
① 가족사항 및 가족환경

② 출생지 및 성장지

③ 학교생활

## 2단계: 내가 보는 인생

① 나의 성격

② 나의 능력

③ 내가 살고 싶은 인생

## 3단계: 60대 인생 설계(인생의 겨울을 준비하는 노년기)

※ 조기 은퇴자는 필자의 설계를 참고하시길 바람.

① 새로운 도전으로 제2의 인생을 시작하기

50대까지는 소유하는 것이 내 것이라면 60대부터는 나누는 것이 내 것이라는 말이 있듯이, 지금까지는 육신의 욕심을 위해 살았다고 하면 앞으로는 자신을 희생하면서 받은 바 은혜에 보답하고 감사하며 나누는 삶을 살아야 하겠다.

나의 인생관, 사생관, 가치관을 재정비하여 인생의 겨울에 걸맞은 삶을 정립해야 할 것이다. 특히 가족 간의 관계회복, 구체적인 나누는 삶의 원칙, 악·폐습 청산하기, 물질관리 정립, 소비 생활의 원칙, 시간 관리의 원칙을 바로 정립하여 제2의 인생 시작하기를 준비한다.

② 보람을 찾는 봉사의 삶을 사는 비전

내가 살고 싶은 인생에 나타난 선교 비전과 복지 비전, 치료센터를 통한 비전을 좁게는 가정과 사역 현장, 나아가서는 지역 사회와 광역 지역, 국가적, 세계적인 범위로 확대해 나갔으면 한다.

③ 은퇴 및 계속 교육

죽는 날이 은퇴 날이다. 지금까지 쌓아놓은 기반을 중심으로 후계자를 잘 양육하여 물려주는 일에 열심을 다하고 교육은 평생 계속하여 학위수여까지 진행했으면 한다.

④ 노후 생활계획

경건생활과 영적·육적 건강관리, 여가생활, 나아가서 많은 후진 양성에 심혈을 기울이는 노년의 삶을 계획하고 있다. 특히 심신의 휴식과 견문을 넓히기 위해 여행을 규칙적으로 했으면 한다. (연 1회 선교지 방문 및 성지 순례) 그리고 건강과 취미생활 중 하나로 등산과 산책을 정기적으로 하고 싶다. 삶을 정리하고 과거의 추억을 회상하며 자녀들에게 물려줄 자서전 준비를 한다.

그리고 할 수 있다면 노인복지와 호스피스 및 치료센터 사역에 관한 책을 저술하고 싶다. 그리고 선교 자금 마련을 위한 계획을 세워 지속적으로 선교사역이 유지될 수 있도록 추진하고 싶다.

⑤ 건강 관리

지금 하고 있는 건강관리를 지속해 나가면서 연령과 체력에 맞는 운동과 식이 요법을 실천하며, 보다 즐겁고 긍정적으로 살면서 날마다 행복하게 살았으면 한다.

할 수 있으면 건강 정보나 세미나를 통하여 얻은 것을 나에게 먼저 적용시켜서 체험하고 그것을 치료센터에 적용하여 많은 사람에게 보급하여 체험하게 한다.

4단계: 70-80대 인생 설계(웰다잉을 준비하는 시기)

(1) 삶의 정리

① 죄 정리(지금까지 살아오면서 회개하지 못한 죄를 목록 화시켜 철저하게 회개한다.)

② 유산 정리(유산은 없지만 믿음, 소망, 사랑, 성실, 섬
김, 비전을 유산으로 줌)

③ 사역 유산(나의 받은 사역-선교 사역, 복지 사역, 치
료 사역을 후계자에게 물려줌)

④ 장기 기증(시신은 의학 해부용으로 기증함)

(2) **죽음 준비**

① 유언준비, 구원의 확신과 소망, 장례식 준비(수목장 준비)

② 자서전 출판 보급

(3) **건강관리**

① 운동(실내 운동: 체조 및 기구운동, 목욕요법, 실외 운
동: 산책 및 등산, 수영)

② 식이요법(기능식품, 건강식품, 자연식품)

③ 대체요법(대체의학을 통한 치유)

결론적으로 삶의 설계도는 사람이 세우지만 이를 이루게
하시는 분은 주님이시다.

주님! 하나님이 기뻐하시면 꼭 이루어 주옵소서!

또한, 기도와 사역의 동역자들을 많이 보내 주시어 주의 뜻을 꼭 이루게 하옵소서!


## 🌿 02 나의 회상(꼭 한 번 기록으로 남겨 보자)

### (1) 나의 신상

① 이름, 생년월일, 주민번호, 출생지, 혈액형, 키, 몸무게

② 나의 학력(초등, 중등, 고등, 대학, 대학원)

③ 나의 이력(직업, 경력)

④ 면허/자격증

⑤ 취미/특기

⑥ 나의 기호(좋아하는 음식, 일, 책, 꽃, 옷, 명언, 인물, 애창곡, 꼭 가고 싶은 곳, 꼭 가지고 싶은 것, 꼭 이루고 싶은 소망 등)

⑦ 나의 보물 1호: 나의 삶에 있어서 인물이나 가장 귀한 것을 선정한다.

⑧ 나의 어린 시절의 추억(초등학교), 나의 학창시절의 추억

(중·고등학교), 나의 성년시절의 추억(20~30대), 중·장년 시절의 추억(40~50대), 노년 시절의 추억(60~70대)

⑨ 나의 희로애락: 가장 기뻤던 추억, 가장 힘들었던 추억, 가장 슬펐던 추억, 가장 즐거웠던 추억

⑩ 나의 가족에 대한 추억: 아버지에 대한 추억, 어머니에 대한 추억, 배우자에 대한 추억, 자식에 대한 추억, 믿음에 대한 간증

## (2) 사전 의료의향서

나는 나의 병이 치료가 불가하거나 죽음이 임박한 경우를 대비하여 내 가족과 친척 그리고 나의 치료를 맡은 분들에게 다음과 같은 나의 소망을 밝혀 두고자 한다. 이 의료의향서는 나의 정신이 건강한 상태에서 작성된 것이다. 따라서 나의 정신이 건강할 때 이 의향서를 파기하거나 철회하겠다는 문서를 재차 작성하지 않은 한 유효하다.

# 의료의향서

1. 나의 병이 현대의학으로 치료할 수 없고 곧 죽음이 임박하리라는 진단을 받을 경우 죽는 시간을 연장하는 연명치료를 일체 거부한다.
2. 다만 이런 경우 나의 고통을 완화하려는 조치는 최대한 취해 주시기를 바란다. 마약 등의 부작용으로 죽음을 앞당길 위험이 있더라도 상관없다.
3. 또한, 내가 1개월 이상 이른바 식물인간 상태에 빠졌을 때는 연명치료를 중단해 주시길 바란다.

이상 나의 의료의향서를 통하여 내가 바라는 사항을 성실하게 실행해 주신 분들에게 깊은 감사를 드린다. 아울러 나의 요청에 따라 진행된 모든 행위의 책임은 나 자신에게 있음을 밝히고자 한다.


서명 날짜 기록:

주소 :

작성자 :                           (서명)

## (3) 장기 및 시신기증

### ① 시신 기증이란

의과대학의 교육, 연구에 도움을 주기 위하여 자신의 시신을 제공하는 것이다. 희망하는 경우 의과 대학에 생전에 등록하여야 하며 반드시 가족의 동의가 있어야 한다.

### ② 장기 기증이란

자기의 장기를 장기 이식을 필요로 하는 대상자에게 기증하는 것을 말한다. 장기 기증은 뇌사상태, 사망상태로 구분하여 장기를 기증한다.

### ③ 장기기증 등록신청

전국의 장기이식 등록 기관 중 한 곳을 택하여 본인이 직접 신청해야 한다. 기독교 장기등록처, (재)사랑의 장기 기증 운동본부 (02)363-2114)

### 나는 영원히 살 것입니다(장기 기증을 위한 시(詩))
로버트 테스트

문득 의사로부터 나의 뇌 기능이 정지한 상태로 내 삶의 의미와 그 모든 목적이 정지되었다고 판단하는 순간이 오면 그때 나의 침상을 죽은 자의 것으로 만들지 말고 산 자의 것으로 만들어 주십시오.

나의 눈은 한 번도 해 질 녘의 노을을 보지 못했거나 해맑은 아기 얼굴과 사랑에 빠진 여인의 얼굴을 보지 못한 사람에게 주시고 나의 심장은 끝없는 고통으로 신음하는 자에게 주십시오.

내 신장은 살기 위해 매주 혈액 투석기에 의존해야 하는 사람에게 주십시오.

나의 뇌세포를 도려내어 말 못하는 소년이 함성을 지르게 하고 듣지 못하는 소녀가 창문에 부딪히는 빗방울 소리를 듣게 하여 주십시오.

나머지는 화장해서 그 재를 바람 속에 날려 들꽃들이 무성히 자라는 데 도움이 되게 하십시오.

만약에 무엇을 묻어야 한다면 나의 잘못과 나약함과 벗들에 대한 나의 편견을 땅에 묻어 주십시오. 나의 죄악은 악마에게로, 나의 영혼은 하나님께 돌려보내 주십시오.

만약 저를 기억한다면 당신이 필요로 하는 사람들에게 말보다 사랑이 담긴 행동으로 대해 주십시오.

당신이 만약 내가 원하는 대로 다 해주신다면 나는 영원히 살 것입니다.

⑷ 채무(갚을 돈)와 채권(받을 돈) 정리

가능하면 채무는 다 갚고 채권은 탕감하는 것도 하나님 앞에서 아름다운 죽음의 준비가 될 것이다.

## 🍃 03 나눔에 대한 생각

① 몸으로 시간으로 재능 기부
   나의 봉사단체 이름(                    )
② 물질로 기부
   교회 이름(                ), 사회단체(                )

## 🍃 04 유언장

※ 유언장(양식)은 꼭 한 번 써보는 것이 웰다잉의 기본이다.

# 유언장

* 성명:                          서명 또는 (도장)

* 주민등록번호:              * 생년월일:

* 주소:

* 작성일:    년    월    일 / 작성장소:


1. 사랑하는 사람에게 드리는 말씀

① 배우자에게

② 자녀들에게

③ 친구, 친지들에게


2. 내가 떠난 후에

① 나의 장례식(매장, 납골, 산골, 수목장/시신 기증 등에 대한 생각을 밝힌다. 장례식 장소, 집례, 초청할 사람, 애창곡, 장례식에서 거절하고 싶은 사항들을 기록함.)

② 사후 유산처리문제(기증, 분배, 남은 가족에게 처리 부탁)

③ 그 밖에 남기고 싶은 말

※ 반드시 자필로 기록하시고 도장을 찍어야 법적으로 유효하다.

※ 성명, 주민등록번호, 주소, 작성 연월일, 장소는 필수 기록사항이다.

## 🍃 05 죽기 전에 꼭 하고 싶은 일들

① 성경책을 (          )번 읽는다.

② 일반 책을 (          )권을 읽는다.

③ 자격증을 딴다. (자격증 이름:                    )

④ 악기 한 개는 배운다. (악기이름 :                    )

⑤ 책을 (          )권 저술한다.

⑥ 평생 헌금을 한다. (목표:              만 원)

⑦ (          )명에게 편지를 쓴다.

⑧ 성지 여행을 한다. (지역:                    )

⑨ 헬스로 근력을 키운다.

⑩ 낚시를 해본다.

※ 위의 종목 외에 본인이 하고 싶은 것을 적어 본다.


## 🍃 06 나의 마지막 편지

① 본 글은 가족 외 친족, 친구, 이웃, 동료 등 모든 지인
   들에게 작성할 수 있다.

② 편지 마지막 부분에 이글은 나의 사후에 (                    )

에게 전달해 주시기를 바랍니다.

③ 작성 일자와 작성자 서명이 꼭 들어가야 한다.

## 🌿 07 자서전 쓰기

미국 전 대통령이었던 지미 카터는 은퇴 후 가장 성공적인 노년기를 보내고 있는 대표적 인물로 손꼽히고 있는데, 그 또한 자신의 회고록을 쓰면서 자신의 인생을 새롭게 조명하게 되었으며, 그로 인해 은퇴 후 새 인생을 시작할 수 있었다고 그의 책『나이 드는 것의 미덕』에서 고백했다.

그가 자신의 의지와 상관없이 백악관을 떠나야 했을 때, 그의 나이 겨우 쉰여섯 살이었다. 대통령 재직 시 자신의 정치적 실패로 인해 괴로워했으며, 대통령으로 재직하는 동안 재산관리의 미숙함과 남서부의 가뭄으로 인해서 그의 농장이 100만 달러 이상의 빚더미에 올라서게 되는 위기에 봉착하였다. 이때 그는 도대체 남은 생애 동안에 무엇을 해야 하는지를 고민하게 되었다. 그래서 잠시 숨을 돌리고 인생을 관조하기 시작했다.

회고록을 쓰는 동안 카터는 조금씩 긍정적으로 변해갔다.

자신이 실패했다고 생각한 인생 가운데서 지혜를 얻게 되고, 진정한 행복이 무엇인지를 조금씩 깨닫게 된 것이다. 그리고 실패란 고통스러운 것이지만, 완벽하게 성공하지 못할까 봐 시도하지 않는 것보다 모험적이고 불명확한 것을 추구하기 위해서 애쓰다 실패하는 편이 훨씬 낫다는 결론을 내리면서 자신의 남은 인생은 실패를 두려워하지 않고 새로운 모험과 도전을 선택하기로 결심하게 된 것이다.

이것이 그가 회고록을 쓰는 동안 그에게 일어난 변화였다. 여러분도 자신의 인생을 되돌아보며 자서전을 한번 써보시기 바란다.

자서전이란 단지 과거를 기록하는 것이 아니라 과거의 기억 속에 새로운 가치와 의미를 발견하여 그것을 남은 인생의 밑거름으로 삼는 것이다.

자서전 쓰기는 과거의 상처와 좌절의 경험을 치유하는 효과적인 방법이 될 수 있다. 그 당시에는 견딜 수 없었고, 용서할 수 없었고, 이해할 수 없었지만, 가만히 관조해보면 지금은 가능할 수 있는 부분이 많아졌음을 깨닫게 될 것이다.

근처 서점이나 도서관에 가면 자서전을 쓰는 방법에 대한 책이 여러 권 나와 있을 것이다. 자서전 쓰는 방법과 유의사항들이 잘 설명되어 있다. 어렵게 생각지 말고 일단 가볍게 시작해 보라. 형식과 분량에 얽매일 필요가 없다.

자서전을 쓰는 동안 여러분의 삶에 조금씩 변화가 일어나게 될 것이다. 인생의 참 가치와 의미, 용납하고 이해할 수 있는 여유, 그리고 다시 새롭게 시작할 수 있는 용기와 지혜를 얻게 될 것이다.

결론적으로 웰다잉을 성경에서는 요한계시록 14장 13절에 분명히 성도의 죽음을 복되다고 하셨다. 필자는 앞에서 나열한 준비도 어느 정도 하고 있지만 좀 더 실제적으로 준비하고 있는 것을 소개하고자 한다.

### (1) 매일 매일 죄를 철저하게 회개해야 한다

천국과 회개는 직접 연계되어 있다. 죄 문제를 해결하지 않으면 천국 입성이 불가능하기 때문이다. 예수님도 세례요한도 회개의 복음을 전했다.

회개에는 반드시 열매가 있어야 한다. 즉 잘못에 대한 반성 정도로는 회개했다고 볼 수 없다. 구체적인 죄의 목록을 기록하고 그 죄와 반대되는 열매를 맺도록 회개하는 일에 전심전력을 다 해야 할 것이다.

일반적으로 회개의 열매는 사랑으로 나타난다. (누가복음 3장 8−14절)

부활에 참여하려면 세마포 옷으로 단장해야 천국 혼인 잔치에 들어갈 수 있는 것이다. 그래서 필자는 하루에 3번씩 꼭 시간을 정해놓고 회개 기도와 함께 죽음 준비 기도를 하고 있다.

### (2) 믿음의 재정비를 통하여 구원의 확신을 가져야 한다

십자가의 부활의 도를 깊이 인식하고 구속의 은혜와 사랑을 확신하면 날마다 구원의 감격과 감사가 넘쳐나는 가운데 여기에도 열매가 나타나는 것이 있다. 날마다 종말의식으로 죽음과 재림을 사모하는 믿음이다.

하루 하루 빠짐없이 '오늘이 나에게 마지막이다. 오늘 주님이 오실 수 있다.'는 절박한 심정으로 죽음의 두려움에서 벗어나는 믿음이 죽음을 준비하는 믿음이라 하겠다. 이것이 열 처녀 비유에서 기름을 준비한 지혜로운 처녀들의 모습일 것이다. 옛날 우리 믿음의 선조들은 항상 재림 소망으로 주님의 재림을 의식하면서 사셨다.

### (3) 사명을 감당하여 죽음과 재림을 준비하자

마태복음 25장의 달란트 비유는 바로 오늘을 살아가는 말세에 우리에게 경종이 되고 있다. 우리에게는 저마다 받은 사명 달란트가 있다.

우리 목회자들에게는 아주 기본적인 사명이 있다. 바로 예배의 사명이다. 우리를 창조하시고 구원하신 목적이 바로 3위 하나님의 영광을 찬양하는 예배를 드리도록 하기 위함이다. (에베소서 1장 3-14절)

만약 천국 갈 연습하는 것이 바로 죽음 준비라면 천국 가서 무엇을 할 것인가? 예배를 통하여 영원토록 부르는 찬양을 하지 않고는 절대로 온전하게 천국에 들어가지 못할 것이고, 부끄러운 구원을 받을 수밖에 없다. 그래서 필자는 평일에도 가능하면 찬양을 7곡 이상 불러보려고 노력하고 있으며 특히 주일에는 찬양만 개인적으로 1-2시간 집중해서 부르고 있다.

여기에 한 가지 명심해야 할은 우리에게는 제단을 중심으로 한 예배만 있는 것이 아니라 생활 예배가 있다는 사실이다. 마태복음 25장에 나오는 최후의 심판 때에 양과 염소를 갈라놓고 심판하시는데 그 심판의 기준은 바로 믿음의 열매인 사랑으로 심판했다. 내가 주릴 때, 헐벗었을 때, 병들었을 때, 옥에 갇혔을 때, 나그네 되었을 때, 돌아보았다고 말씀하시면서 지극히 작은 자에게 한 것이 주님께 한 것이라고 하셨다.

그리고 가장 큰 사명으로 맡겨 준 것이 바로 복음전파의 사명이다. 죽을 때까지 복음의 빚을 갚고 주 앞에 가야 할 사명이 있다. 이것이 제일 큰 상급이라고 볼 수 있다. 할 수 있는 대로 때를 얻든지 못 얻든지, 믿든지 안 믿든지, 복음전도는 죽을 때까지 할 우리 목회자의 사명이다.

이렇게 죽음 준비가 잘 되면 주 앞에 설 때에 의의 면류관, 생명의 면류관, 영광의 면류관의 주인공이 될 것이다. 할렐루야!

아홉

예비 은퇴
목회자의
은퇴 준비

목회자는 세상의 직업과는 달라서 자천이 아니라 타천이다. 모세도 아브라함도 예수님의 제자들도 전부가 다 타천이다. 이것을 일컬어서 소명이라고 한다. 우리는 소명에 의해서 나왔기 때문에 연령 제한은 해당이 안 된다.

미국에서는 몇 교단이 은퇴 연령을 없애버렸다. 사립대학의 교수인 경우에도 은퇴 연령이 없어져서 건강만 하면 80이나 90이라도 할 수 있다고 한다. 우리 한국의 경우에는 대체로 70세를 은퇴 연령으로 하고 있다.

첫째, 끝이 좋아야 한다. 모든 일에 시작도 있고 끝도 있는데 시작과 끝 똑같이 중요하지만, 그러나 끝이 더 좋아야 한다.

시인 괴테가 이런 말을 했다. '첫 단추를 잘못 끼우면 마지막 단추는 끼울 구멍이 없다.'라고 했다. 그는 처음의 중요성을 강조한 것이다.

그러나 세익스피어 같은 사람은 '끝이 좋아야 모든 것이 좋다.'라고 했다. 70세까지 잘 달려와서 은퇴를 했는데 마지막 한 바퀴를 잘못 돌면 그 70년 동안의 공적이 다 무너진다는 것은 그런 이유일 것이다.


한경직 목사님이 돌아가시기 삼사 년 전쯤에 목사 몇이 올라가서 뵈었다. "목사님 신망이 좋습니다." 했더니, "아니야, 겉은 보기 좋은데 속은 다 썩었어." 그리고선 "난 지금도 넘어질까 조심해."라고 말씀하셨다.

우리는 생각하기를 노인이고 산에 계시니까 다리가 약해 넘어질까 조심한다고 말한 것으로 생각해서 "아 목사님 건강하신데요." 했더니, "아니야, 다리를 말하는 게 아니야. 내가 지금 나이가 많지만, 아직도 마음에 넘어질까 조심해. 마지막 바퀴를 잘 가야 할 텐데 염려가 돼."라고 하셨다.

참으로 훌륭한 교훈이다. 인생의 기쁨과 보람은 시작에 있는 것만도 아니고, 어떤 업적을 많이 내는 것도 아니며, 마지막 끝이 아름다워야 한다고 생각한다. 경주에서 출발도 잘해야 되지만 마지막 골인을 잘해야 되지 않는가?

목회를 하다보면 실수할 때도 있고 성공할 때도 있다. 비난을 받을 때도 있고 칭찬을 받을 때도 있다. 그러나 가장 경계해야 할 때는 교회가 부흥되고 명성이 높아지는 때, 그래서 다른 지도자들의 선망의 대상이 되는 이런 때이다.

그래서 예수님께서도 주기도문을 가르치실 때에 시험에 들지 않도록 기도하게 하셨고, 바울 사도도 섰다 하는 자는 넘어질까 조심하라고 했다. 그렇게 해서 일생을 살다가도 은퇴를 하고 나면 은퇴하기 전과 은퇴하고 난 후의 관계가 아주 달라진다. 그래서 우리가 좋아하는 모습을 보일 때도 많다.

두 번째, 물러서야 할 때 미련 없이 물러설 줄 아는 용기가 필요하다.

지도자는 나설 때와 물러설 때를 바로 인식해야 되는데, 물러설 때가 되면 미련 없이 물러서야 한다. 이것은 지금부터 여러분이 준비하셔야 할 것이다. 물러서야 할 때 물러서지 않고 집착하게 되면 부끄러움을 당하기도 하고 존경심을 잃게 된다. 우리가 볼 때 은퇴하기 전의 성도들의 존경심과 은퇴한 이후의 성도들의 존경심이 좀 달라진다. 은퇴한 이후에 성도들이 얼마나 은퇴 목사에 대한 인생평가를 해주고, 지도력을 인정해주고, 존경하느냐, 그들의 관심이 얼마나 오느냐? 이

것이 참 중요하다.

그런데 노욕(老欲)의 노예가 되면 그것처럼 추잡한 것이 없다. 은퇴한 목회자는 이런 집착에서 벗어나는 것이 지혜이고 자기가 은퇴할 시기를 아는 것이 필요하다.

건강이나 지식이나 생명까지도 우리에게 오래 머물러주지 않는다. 때가 되면 모든 것이 우리 곁을 떠난다. 떠나는 것을 잡으려고 매달리면 그때는 은퇴생활이 잘못된다.

세 번째, 목회자의 선교사명, 전도사명은 끝이 없다.

목회자는 은퇴 후에 새 일을 찾아야 한다. 얼마 전에『노병의 믿음』이라는 지미 카터가 쓴 책을 본 일이 있다. 그는 책에서 이런 말을 하고 있다. 자기가 어렸을 때 어머니가 무얼 만들어 놓고 하시는 말씀이 "너는 하나님께서 네게 주신 은사와 재예(才藝)를 어디에 쓸까?. 어떻게 쓸까를 늘 노력하며 고민하면서 살라."고 자꾸 이야기했다고 한다.

그는 이 교훈을 잊어버리지 않고 은퇴 후에 그의 생활의 기쁨은 뭘까 생각해 보았다고 한다.

'친구들과 어울려서 일주일에 한두 번 골프를 치는 것? 아니다. 식사를 하는 것? 아니다. 항상 어머니의 말씀을 기억하고 새로운 일에 도전해 보고, 그리고 거기서 새로운 가치를

창조하는 것이다.'

그래서 그는 사랑의 집짓기 헤비타트 운동의 선봉에 서서 전 세계를 다니며 수십만 채의 집 짓는 일을 하였고 그래서 노벨평화상의 주인공이 되었다.

네 번째, 은퇴한 후에는 우리 사고의 폭을 넓혀야 한다. 일하는 행동 반경은 좁아졌지만 생각은 넓어져야 한다.

필자가 은퇴한 후 가끔 이런 생각을 해 보았다.

'학자의 시각과 예언자의 시각의 다른 점이 뭘까?'

학자들은 가까운 데서 길을 찾아 먼 목적지를 향하는 사람이다. 그러나 예언자는 멀리 보고 전체를 본다. 마치 우리가 그림을 멀리서 볼 때와 가까이서 볼 때 그 그림의 모양이 달라져 보이는 것과 같다.

그래서 처음에 우리가 목회자가 되면 교회가 우선이다. 개교회를 맡을 때는 전 관심이 그곳에 있다. 그다음에 총회장이 되면 교단 전체, 그다음에라야 조금 한국 교회에 관심을 갖게 된다. 은퇴를 하고 나니 첫째 관심이 한국 교회이다.

요즘 문제가 제기되는 것이 은퇴 목사와 담임 목사와의 관계이다. 그 잘못의 비중으로 볼 때 은퇴 목사의 책임이 크다. 은퇴 목사는 과감하게 손을 뗀다는 것 아닌가? 그런데 미련이 남아서 문제가 된다.

필자가 어느 교회 원로목사 장례식에 갔더니 그 교회 새로운 목사가 "목사님, 이제 제가 한숨 놨습니다."라고 말했다. 그래서 무슨 한숨을 놨느냐고 했더니, "이 어른이 심방을 가도 자기가 앞장서고, 생일 집에 가도 앞장서고, 그래서 이럴 수도 없고 저럴 수도 없고…" 이제 그분이 갔으니 자기 세상이라는 것이다.

물려받은 후계자가 내가 하던 목회 패턴을 그대로 답습하기를 바라는 것은 잘못이다. 시대가 다른데 같을 수는 없다. 이것이 잘 안돼서 어려울 때가 참 많다.

보통, 사람들은 '은퇴 후를 어떻게 보낼까'를 걱정한다. 하지만 은퇴 전에 무엇을 할까가 더 무겁게 다가와야 할 것 같다. 은퇴 전에 할 일을 충실히 하는 것보다, 더 좋은 은퇴 준비는 없다.

뭐든지 마무리가 중요하다. 끝이 좋으면 다 좋고 끝이 안 좋으면 다 안 좋은 것이 된다. 그래서 '은퇴 전에 이룰 10가지'를 정해 보았다.

# 🍂 01 아름다운 목회 은퇴하기

목사로 부름 받아 평생을 목회했으니 목회자로 은퇴를 잘 하는 것이 무엇보다 중요할 것 같다. 나는 아름다운 은퇴를 위하여 이런 은퇴관을 정립했다.

## "은퇴란 삶으로 보여 주는 마지막 설교다."

평생을 강단에서 입으로 설교를 한 목사로서, 이제 마지막 설교를 삶으로 보여 주는 것이 '은퇴'라고 생각한다. 입으로 설교하기는 쉽다. 그러나 실제 그렇게 살기는 쉽지 않다. 이제 마지막 설교를 하고 떠나야 한다. 그 마지막 설교가 행함으로 보여 주는 '은퇴'라는 설교다.

안타깝게도 이 마지막 설교에 실패하는 목회자들을 종종 본다. '은퇴'라는 마지막 설교를 잘하면 두고두고 은혜가 되고 감화가 된다. 남한산성 자락 작은 거처로 은퇴하신 한경직 목사님의, 삶으로 보여 준 마지막 설교는 오랫동안 감동을 주고 있다. 떠나는 이의 아름다움은 비움이요, 요구하지 않음이요, 개입하지 않음이라고 생각한다.

## 🌿 02 화평하게 행복한 목회로 마무리하라

"교회는 화평하고 교회 다니는 사람들은 참 행복해 보인다."

이런 소리를 듣는 게 당연하지 않은가? 그런데 왜 '교회'하면 다투고 싸우는 교회가 생각나는가. 교회는 화평하고 성도들은 행복해야 한다. 화평하지 않은 교회는 건강한 교회 공동체가 아니다. 불화하는 교회는 화평의 복음을 전할 자격이 없다. 그런 교회는 세상에서 화평케 하는 역할을 감당하지 못한다.

하나님의 자녀들은 누구든 다 용서하고 사랑해야 한다. 누구와도 화목해야 한다. 그래야 행복하다. 어떤 사람은 평생을 불목하고 산다. 심지어 형제를 고소 고발한다. 나는 그런 사람에게 묻고 싶다.

"당신은 예수님께서 화평케 하기 위해 십자가를 지신 것을 믿느냐?"라고.

생각해 보라. 화해의 십자가 앞에서 용서 못 할 사람이 어디 있는가. 십자가 밑에서 손을 잡지 못할 사람이 누가 있겠는가. 목회자는 화평하게, 행복한 목회로 마무리해야 한다.

## 🍂 03 사랑과 존경받는 목회자로 남기

한평생 목양을 하며 산 목회자의 명예는 무엇일까? 사랑과 존경을 받는 자로 남는 것이다. 과연 누가 성공한 목사인가? 큰 교회 목사?, 유명한 목사? 돈 많은 목사? 아닐 것이다. 사랑과 존경을 받는 목사다. 정도를 걸으며 평생을 목회한 목사에게 주어지는 상급은 사랑과 존경심이다.

성경에는 재물보다 명예를 택할 것이라고 했다. (잠언 22장 1절) 세계 최대의 교회를 목회하면 무엇하는가? 교단의 무슨 장을 하면 무엇하는가? 사랑과 존경을 받지 못한다면 불행한 목사가 아닌가.

잠깐의 '소유(To Have)'보다 영원한 '존재(To Be)'적 삶을 살아야 한다.


## 🍂 04 신실과 정직한 목사로 살기

'신실과 정직' 이것은 우리 목회자의 생활 철학이다. '신실'이란 '믿고 신뢰할 만하다'는 말이다. 하나님 아버지가 신실하시니 우리 자녀들도 신실해야 한다. 무엇에 신실해야 하는가?

'인격의 신실성', 믿음성 있고 신뢰감을 주는 인격을 말한다. '말의 신실성', 한마디의 말이 약속어음으로 대용될 수 있는 사람이다. '책임의 신실성', 맡은 일에 책임지는 성실함과 충성됨이다.

그런데 어찌하랴. 세상에서 예수 믿는 사람을 신뢰한다고 응답한 사람은 18.4%밖에 안 된다. 정직 또한 그리스도인의 트레이드 마크다. 우리가 지금보다 10%만 더 정직하면 1년에 약 80조 원의 이익이 생긴다고 한다. 인천 국제공항을 14개나 세울 수 있는 액수이다.

정직이 곧 애국이다. 물질에 있어서 투명하고 정직해야 한다. 우리는 오늘도 정직한 영을 구해야 한다.

"입술로 거짓을 말하지 않고 물질로 양심을 속이지 않게 하옵소서!"

## 🌿 05 냉수 한 그릇 잊지 말기

목말라 죽어 가는 사람에게 금덩어리가 무슨 소용이 있는가. 부동산이 무슨 소용이 있는가. 목이 타는 사람에게 필요한 것은 냉수 한 그릇이지, 다른 무엇이 아니다. 배고픈 사람에게는 한 개의 빵을 주는 것 외에 달리 사랑을 설명할 수 없다. 우리 주변에는 냉수 한 그릇을 찾는 사람들이 많다. 그런 이웃에게 냉수 한 그릇 주기를 잊지 말아야겠다. 이것이 하늘에 보물을 송금하는 것이다. 이를 위해 '천국 계좌' 통장을 만든다. 그날에 냉수 한 그릇에 대한 주님의 상급을 기대한다.

냉수 한 그릇 주는 것을 잊지 말자! 낙심한 자에게 격려 문자를, 슬픔 가운데 있는 자에게 위로의 전화를, 기뻐하는 자에게 축하의 인사를, 그리고 힘들어 하는 자의 손을 잡아주자.

## 🌿 06 위기의 한국교회 구하기

참으로 거창한 말이다. 하지만 이 시대의 목사로서 당연한 외침이다.

세월호가 침몰할 때 애태우지 않은 국민이 있었겠는가?

오늘의 한국교회는 필경 위기를 맞고 있다. 지금 개신교는 쇠퇴하고 있다. 교회가 신뢰를 잃어버리고 오히려 지탄의 대상이 되고 있다.

높은 도덕성을 인정받고 예언자적 통찰력으로 사회 개혁의 선구자 역할을 했던 교회가 어쩌다 이 지경이 되었는가. 모든 게 자업자득이다. 그동안 교회가 본질에서 많이 벗어났다.

지나친 외적 성장 추구, 기복주의, 물량주의, 성공주의, 세속주의, 대형 교회의 비리, 개교회주의, 교회의 분열, 교인들의 언행 불일치, 목회자의 자질 부족, 각종 스캔들, 교회의 정치 성향화, 신학교의 난립 등이 교회의 사회적 신뢰도를 하락시켰다.

건강한 교회, 신실한 목회자, 충성된 성도들이 많음에도 불구하고 역부족이다.

어찌하랴! 존 칼뱅의 말처럼 "교회의 탁월성은 교인 수의 많고 적음에 있는 게 아니라 순결함과 거룩함에 있다." 순전한 영성을 회복해야 한다. 물질주의, 성공주의, 출세주의와 같은 세상적인 가치보다 영적인 가치를 사랑하는 것이다.

## 🌿 07 '작은 교회' 격려하여 세우기

교회가 위기에 직면하니 '작은 교회'들은 생존에 심각한 영향을 받고 있다. 대형 교회들의 비리가 터질 때마다 그 유탄은 '작은 교회'들이 맞는다. 사명인지라 쉽게 떠날 수도 없고 어떤 어려움도 견뎌 내던 가족들도 더 이상은 버틸 힘이 없다.

어찌하랴! '작은 교회'를 소중히 여겨야 한다. 개척 교회를 살려야 한다. '작은 교회' 목회자를 격려하고 세워 주어야 한다.

실개천이 살아야 강이 산다. '작은 교회'가 문을 닫으면 결국 큰 교회도 문 닫게 된다. 다만 조금 더 오래 버틸 뿐이다. 이웃에 있는 '작은 교회' 목회자들을 격려하고 세워 주자.


## 🌿 08 교회의 연합과 일치 운동

교회 연합 운동의 철학이 있다. 교회가 하나 되는 것이 예수님의 간절한 기도 제목이다. 예수님은 지상에 세워질 교회와 지도자들을 중보하시며 "아버지, 우리와 같이 저들도 하나가 되게 하옵소서."라고 간절히 기도하셨다. 교회가 하나가 될 때 선교적 지상명령을 이룰 수 있기 때문이다. 주님의 이 기도는 초대교회와 제자들을 통하여 이루어졌다.

주님은 지금도 보좌 우편에서 교회가 하나 되기 위하여 기도하고 계실 것이다. 우리는 주님의 기도가 우리 교회를 통해서 응답되기를 바란다. 그리고 우리에게 속한 공동체에서 연합과 일치를 추구한다. 교파를 초월하여 지역 교회가 연합하는 일에 변함없이 참여하여야 한다.

## 🌿 09 교회의 탈정치화 운동

나는 오늘의 교회나 교단의 정치 행태를 보면서 "이런 정치는 어린아이 짓이다."라고 지적한 바 있다.
고린도 교회 안에 4개 파벌이 있어서 시기하며, 분쟁할 때 바울은 이를 '어린아이 짓'이라고 책망했다. (고린도전서 3장 1절)

한국교회는 잘못된 정치 때문에 찢기고 밟히고 있다. 사탄은 정치라는 이름으로 개교회와 노회(지방회), 총회, 교계까지 분열시키고 있다. 잘못된 정치에 오염되면 감투와 교권에 집착한다.

동역자 간 고소 고발의 난무, 파벌 형성, 돈 선거, 아니면 말고 식의 흑색선전, 제 식구 감싸기, 이런 정치가 한국교회 영성을 바닥에 떨어뜨린다. 정치는 적전 분열 행위이다. 한국교회를 이 지경으로 만든 요인 중 가장 큰 것이 저급한 정치 때문이다.

교회 정치란 하나님의 통치를 위임받은 치리권 행사다. 교회 정치의 목적은 하나님 나라의 구현이다. 하나님의 나라는 사랑과 평화와 정의의 나라다. 하나님은 권위를 위임하여 그의 나라를 세워 가신다.

인사권을 비롯한 위임된 권위는 하나님의 뜻을 묻고 행사해야 한다. 위임 권위를 가지고 횡포를 부리거나 남용해서는 안 된다.

'교회의 탈정치 운동'이란 나쁜 정치를 막고 성숙한 정치를 하자는 것이다. 성숙한 정치는 평화주의 신앙 공동체인 메노나이트 교회처럼 자신의 의견을 반대하는 사람에게 과격한 반응을 보이지 않는 것이다. 오히려 다양한 의견이 나오는 것을 당연히 여기고 대화와 토론으로 상대방의 입장을 이해한다.

이렇게 '은퇴 전에 이룰 10가지'를 정하고 나면 마치 집을 건축하려고 할 때 설계도를 완성한 것 같은 마음이 들 것이다. '시작이 반'이라고 뭔가 이룬 것 같고 이렇게 살다 가면 주님께서 반갑게 맞아 주실 것 같을 것이다.

## **☆** 또 다른 시작을 위한 아름다운 마무리

목회자들은 교단이 법으로 정한 은퇴 나이가 되면 당연히 은퇴해야 된다. 사회인들도 각자의 일터가 정한 은퇴 나이가 되면 은퇴해야 하는 것처럼 말이다. 은퇴를 하신 분들이 돌아보는 은퇴의 시각도 있겠지만, 선배 목회자들의 은퇴를 도와 온 후배 목회자로써의 경험을 바탕으로 이 문제를 생각해 보고자 한다.

목회자의 은퇴란 그동안 관계해 오던 성도들과의 목회적 관계를 청산하는 것은 물론이고 남은 삶의 새로운 시작을 맞이하는 것 등을 포함한다. 교단법을 따라서 행정적인 절차를 진행하는 것과는 별개로 목회자 스스로의 감정적 정리도 해야 하며, 목회자가 사역해 온 교회 또한 은퇴하는 목사님과의 은퇴 후의 관계를 정리하는 작업도 필요하다.

목회자가 은퇴하면서 끝마무리를 은혜롭게 마무리하는 경우도 많지만, 그렇지 못한 경우들도 발생한다. 어떤 경우는 교회 밖으로 소문나지 않고 마무리되기도 했지만, 어떤 경우는 교회 밖으로 알려져서 교계 안팎의 걱정과 지탄을 받기도 했다.

지금도 목회자가 은퇴하면서 생기는 좋지 않은 소식들이 때때로 들리고 있는데, 더 이상은 은퇴하는 목회자 자신들의 개인적인 문제이거나 혹은 개교회의 문제로만 보아 넘기기에는 어려울 정도이다. 빨리 해결책을 찾아야 한다.

그러기 위해서는 문제의 원인부터 아는 것이 중요할 것이다. 물론 여러 가지의 이유가 있겠지만, 다음 몇 가지로 요약이 가능하다고 생각한다.

**첫째, 은퇴하는 목회자들의 인간적인 욕심이다.**

이 부분이 교회에서 담임 목회자의 은퇴와 관련해서 발생하는 문제들 중에서 가장 눈에 띄는 부분이기도 하다. 목회자뿐만 아니라 보통사람도 지금까지 자신이 이루어 놓은 것을 한순간에 내려놓는다는 것은 쉬운 일이 아니다.

그러다 보니 담임 목사로서 사역하다가 은퇴하는 목회자들이 무리수를 두는 경우들이 발생한다. 교회가 후임 목회자를 찾는 과정에서 중립을 지켜야 하지만 말로는 중립이라고 하면서도 자신들의 영향력을 은밀하게, 혹은 경우에 따라서는 노골적으로 행사하는 경우들도 있다.

이렇게 은퇴하는 목회자의 경우, 자신의 후임 목사 후보로 자신의 아들이나 사위를 내세우거나 그것도 안 되면 사돈의 팔촌이라도 뭔가 자신과 연결되어 있고 자신의 뒤를 봐줄 수 있는 사람을 선호한다.

한 예로서, 얼마 전 아멘 넷에 올라온 교회세습 반대운동연대의 발표를 인용해 본다.

"세습 사실이 확인된 61개 교회들 중에는 선임 목회자가 한기총 회장이나 교단 총회장, 감리교 감독 등 교계 대표직을 역임한 경우도 28건에 달하는 것으로 나타나 충격을 주고 있다."

큰 교회일수록 더 심하게 세습이 일어나고 있는 것을 알

수 있다.

한국뿐만 아니라 이곳 미국의 한인 교회들도 비슷한 것 같다. 소위 큰 교회라고 불리는 교회의 목사님들이 은퇴하는 경우, 후임 목회자 후보가 되려면 담임 목사의 아들이나 사위 혹은 사돈의 팔촌이라도 연줄이 있어야 가능할 정도로 백 없고 줄 없는 목회자들은 도전의 기회조차 가지기 어려운 경우들이 많다.

그나마 대형 교회의 부목사들은 기회를 가질 수 있다는 점에서 보다 나은 편이지만, 변변한 대가 없이 사명감 하나만 가지고 사역하는 작은 교회들의 부교역자들은 그들이 가진 능력 유무와는 상관없이 이런 지원의 기회마저도 갖기 어려운 상황이 부지기수이다.

또한 규모가 상대적으로 작거나 미자립 교회 상태인 교회들조차도 점점 목회자 은퇴와 관련해서 유사한 이유로 심각한 문제들을 겪는 경우들이 늘고 있다.

공통적으로 드러나는 문제점들로는, 목회자 자신이 은퇴 후에도 어떤 사역은 하고 싶다고 주장하거나, 청빙을 한 후에도 긴 유예 기간을 두어서 후임 목회자가 소신 있는 목회를 할 수 없도록 브레이크를 거는 경우이다. 말로는 원하는 대로 다 하라고 하지만 그 속에는 인간인지라 은퇴 후에도 자신이 가진 기득권을 어느 부분에 대해서는 인정해 달라는 주장이고, 자신의 마음에 안 들면 언제든지 청빙을 파기하겠다는 자세이다.

이런 경우들은 속사정은 어떠하든지 겉으로 나타나는 당위성은 확실하게 내세운다. 우선 자신 만큼 좋은 후임 목회자를 구하기가 생각보다 어렵다는 명분도 있고, 교회가 혼란 없이 안정적으로 발전할 수 있다는 명분도 내세울 수 있다. 심지어 은퇴 목사님들 중에는 자신의 교회가 그렇게 해서 지금 안정적으로 발전하고 있다고 대놓고 자랑하고 다니는 분들도 보았다.

하지만 이것은 바람직한 일도 아니고 자랑할 일도 아니다. 은퇴 후에도 교회에 남아서 어떤 형태로든 영향력을 행사하려는 것은 자칫 담임 목사의 은퇴가 새로운 교회 분쟁의 씨앗으로 변질되기 쉬운 분쟁에 취약한 상태를 만드는 것이다.

"자질이 없는 아들을 목회자로 세우는 무리수를 둬 하나님과 교인들에게 상처를 줬다"고 고백했던 어느 노 목사님의 말씀을 되새겨 보았으면 한다.

은퇴는 말 그대로 은퇴여야 아름답다. 오히려 이러한 비정상적인 대물림 현상은 교회 내로부터도 비판받고 견제되어야 한다.

**둘째는 교인들이 가진 교회 미래에 대한 불안감이다.**

이런 불안감은 담임 목회자의 은퇴 과정에서 발생하는 자연스러운 것이다. 다만 이 불안감을 적절하게 대응하지 않으면 교회 내분의 원인이 될 수 있다. 따라서 목회자의 은퇴 과정에서 은퇴하는 목회자 당사자와 교회의 평신도 지도자 모두에게 주의 깊은 언행의 처신이 요구된다.

그리고 이런 어려움에 대해서 소속 교단이 정한 법의 테두리 안에서 교회가 자체적으로 문제를 지혜롭게 처리할 수 있는 교육도 필요하다. 이런 것을 도와주는 것이 감독자와 감독 기관의 순기능이기도 하다. 그래야 교인들 스스로 은퇴하는 담임 목회자의 영향력의 그늘로부터 독립을 할 수 있고, 후임 목회자와 건강한 관계를 만들어 가면서 교회를 점진적으로 발전시켜 나갈 수 있다.

**셋째는 교인들 스스로도 은퇴 목회자와 연결되어 있는 오랜 감정의 끈을 놓기 힘들어 하는 것이다.**

오랫동안 목회자와 개인적인 관계를 유지해 온 교인들일수록 목회자의 은퇴는 안쓰러울 수밖에 없다. 그리고 이렇게 은퇴 목회자와의 감정이 정리되지 않은 상태에서 새로 부임하는 후임 목회자와의 신뢰 관계 형성은 새로운 노력과 오랜 시간의 투자가 필요하다.

그러다 보면 쉽게 두 목회자를 비교하고 평가하게 된다. A는 A이고, B는 B이어야 하는데, 비교 평가하다 보니, A가 B보다 못하거나 낮다는 식으로 접근하게 된다. 그 상태가 지속되다 보면 교인들 간에 편 가르기가 발생하게 되는 것이고, 은퇴 목회자와 후임 목회자 사이에도 반감과 불신이 만들어지게 된다. 이런 부정적인 현상을 억제시키려면, 은퇴 목회자 스스로 처신해 줄 몫이 크다.

## ** 은퇴 이후 아름다운 말년을 보낸 비결

우리 인생에 은퇴가 어디 있는가? 넓은 의미에서 인생의 은퇴란 곧 죽음일 것이다. 그러나 좁은 의미에서 평생을 목회자로서 부름 받아 목회사역에 헌신한 사람들에게 있어서 목회 일선에서 물러난다는 것은 그의 사역으로부터 은퇴라고 볼 수 있다.

우리는 목회자 중에서 아름다운 은퇴를 하는 사람과 추한 은퇴를 하는 사람을 볼 수 있다.

사역을 시작할 때와 사역에서 물러설 때를 아는 것은 참으로 큰 지혜이다. 아름다운 은퇴를 하는 목회자는 사역 중심이 아니라 하나님 중심이었다. 따라서 하나님께서 원하시면 언제나 시작하고, 언제나 내려놓을 수 있었다. 그것은 그의 임종 순간까지 그의 삶을 아름답게 만들어준 가장 중요한 원동력이자 비결이었다.

하나님만을 경배하고, 하나님만을 사랑하고, 하나님만을 즐거워하는 것에는 이 세상에서의 삶과 영원한 삶, 그리고 사역의 시작과 사역 은퇴의 구분이 따로 없는 것이기 때문이다.

또한 은퇴에 대한 재무 설계는 반드시 목표가 필요하며 구체적으로
  • 내가 몇 세까지 일을 하고 은퇴하게 되는가?

- 은퇴 후 몇 년의 삶을 영위하게 될까?
- 은퇴 후 어느 지역에 살 것인가? (도시, 농촌, 서울, 선교지 등)
- 은퇴 후 거주하고 싶은 집의 형태는?
- 국민연금 불입액은 얼마이고, 얼마를 받을 것인가?
- 은퇴 후 기본 생활비는 얼마 정도 책정할 것인가?
- 은퇴 후 건강을 유지하기 위한 비용, 질병에 들어가는 비용은 얼마로 할 것인가 등을 고려해야 한다.


노후 생활비(연금) 준비에 영향을 미치는 환경 요인으로는
- 고령화 사회
- 저성장·저물가·저금리
- 세금
- 연금제도

등을 생각해 볼 수 있으며 연금을 들 경우에는 종신형으로 하고, 시간의 힘을 빌리며, 분산하여 준비하는 것이 좋다. 부부가 각각 나눠서 준비하는 것이 좋고, 시작하면 끝까지 유지하는 것을 고려하라. 또한, 개인연금, 퇴직연금, 국민연금 등 3층 구조로 준비하는 것이 가장 이상적이다.

특집

은퇴
목회자의
연장 사역

## 01 은퇴 후의 특수 목회

### (1) 목회자의 선교 사명, 전도 사명은 끝이 없다

지금은 건강하다면 70에 은퇴하고 80까지도 건강하게 살수 있다. 얼마든지 활동이 가능해도 은퇴제도에 의해 할 수 없이 사역을 멈추게 되는 경우가 많다. 물론 신체적으로 여러 가지 사정으로 쉬어야 할 분들도 있지마는 그러나 대체적으로는 활동 가능하신 분이 갈수록 많아지고 있다.

목회 은퇴는 지금까지 해왔던 모든 사역을 할 수 없게 된다는 뜻이다.

강단에 서서 설교를 할 수도 없고, 심방할 곳도, 심지어 편안히 예배드릴 곳도 없어 마치 절벽 끝에 서 있는 느낌이었으며 가장 큰 문제는 설교할 기회가 없다는 것이다. 출석할 교회도 없다고 한다. 하나님의 부르심을 받고 목회의 길을 묵묵히 걸어온 목회자에게 은퇴란 이처럼 어색하고 친해지기 싫은 친구가 된다. 대부분 정들었던 교회를 떠나 은퇴 목사라는 신분을 감추고 예배드려야 하는 신세가 되는 것이 안타까운 현실이다. 평생을 강단에서 설교했기 때문에 가르치는 것밖에 모르는데 은퇴하고 나니 설 자리가 없다.

## ∗∗ 목회자는 은퇴 후에 새 일을 찾아야 한다

선교사들의 형편이 은퇴 목회자보다 나아 보이는 이유는 '사역의 연장'에 있다. 당장 먹고 살기 어려워도 선교 현장에서의 경험이 인정되고 종신 사역에 대한 배려가 있기 때문이다. 하지만 은퇴 목회자들의 현실은 막막하다. 원로 목사로 추대되지 못한 목회자의 경우 예배 처소조차 없는 것이 현실이다.

교단적으로 미자립교회나 목회자를 모시기 어려운 지역의 교회에 은퇴 목회자를 파송하여 소정의 목회활동비를 받을 수 있게 하거나 은퇴 목회자를 위한 사회적 일자리나 협동조합 등을 운영하는 것도 고려해 볼 필요가 있다. 소득이 없을지라도 활동적인 노년을 위해 자원봉사활동이나 재능기부 등에 참여할 수 있는 기회를 주는 것도 필요할 것이다.

이러한 가운데 은퇴 6년이 흐른 후에, 다시금 설교강단에 선 이가 있다. 장년부 예배도 아니다. 아동부의 설교를 담당하는 목회자가 되어 돌아온 주인공은 바로 김산복 원로목사.

김산복 목사는 지난 2월부터 의정부 동지방 '넘치는 교회(담임 김용선 목사)' 아동부에서 매 주일 설교를 담당하고 있다. 아이들을 맞이하고, 안아주고, 설교하는 것이 김산복 목사에게 맡겨진 사명. 6년간 하지 못했던 설교를 다시 마음껏 할 수 있는 것만으로도 행복한 나날들이다. 게다가 천사 같은 아이들과의 삶이라니. 76세 할아버지 목사에게 이보다 더 기쁜 일이 있을까.

선교지로 떠나는 은퇴 목회자들도 간혹 있다. 아주 귀한 사역의 연장이다. 그러나 이런 경우는 특별한 사례로 볼 수 있다.

## ⑵ 은퇴 목회자의 특수 사역

우리 목회자들의 꿈은 항상 선교 전도가 추구하는 사명의 목표다. 선교라 함은 무조건 외국에서, 전도는 국내에서 복음을 전하는 것이라고 생각하는데 필자는 조금 다른 차원에서 그 뜻을 해석하고 싶다.

전도는 순수한 복음을 그대로 전하는 것이라면 선교는 문화의 옷을 입혀서 복음을 직·간접적으로 전하는 것이라고 본다.

예를 들면 학원 선교, 병원 선교, 복지 선교 등으로 볼 때 학교라는 매체와 병원이라는 문화의 도구를 통하여 복음 전도를 선교란 이름을 붙여서 사역을 하게 된다.

사실 특수 선교는 복음의 씨를 뿌리는 것이요, 일반 교회는 씨를 추수하는 곳이라고 해도 과언이 아닐 것이다.

이렇게 두고 보면 우리의 선교 현장은 무한히 넓다. 그런데 이 황금의 선교 현장이 넓은데도 우리 목회자들은 이곳에 별관심이 없다. 무조건 교회만 섬기는 것이 주의 일인 줄로 알고 다른 선교 일은 귀한 사역으로 여기지 않는다.

필자는 일반 목회도 약 30년 가까이 했고 병원 특수선교

사역을 약 20년을 했다. 이 사역을 계속하는 중에 어떤 선배 목사님으로부터 이런 말을 들을 때가 있었다. "김 목사 언제 목회 다시 할 거야?" 그때 나는 "저는 지금 특수 목회하고 있는데요. 목사님 교회 못지 않게 많은 결신자를 내고 세례 주고 있어요."라고 대답했다.

**특수 선교의 영역은 호스피스 선교, 장애인 선교, 병원 선교, 교도소(유치장) 선교, 외국인 노동자 선교, 탈북자 선교, 군 선교, 섬 선교, 직장(산업) 선교, 문서 선교, 방송 선교, 인터넷 선교, 스포츠 선교, 실버 선교, 마약 및 도박자 선교, 청소년 선교, 가정폭력 및 청소년 상담 등 수없이 많다.**

모든 사역이 그렇듯 준비 없이는 하지 않는 것이 좋다. 예수님께서 3년을 사역하기 위해 30년을 준비하셨듯이 우리 또한 준비를 착실히 해야 한다.

**① 특수선교지에 대한 관심을 가져라.**

예수님께서 마태복음 25장에서 최후의 심판 때에 양과 염소를 갈라놓고 영생과 영벌로 심판하는데 심판의 기준은 믿음이 아니라 믿음의 열매인 사랑으로 하게 되는 것을 보게 된다.

'내가 주릴 때 먹을 것을 주었고, 목마를 때 마시게 하였고, 나그네 되었을 때 영접하였고, 헐벗을 때 옷을 입혔고, 병들었을 때 돌아보았고, 옥에 갇혔을 때 와서 보았느니라.'

이 일이 바로 특수 선교라고 볼 수 있지 않을까? 주님의 심장으로 이런 선교지에 관심을 갖고 먼저 이곳에 선교사가 되게 해 달라고 기도해야 한다.

### ② 관심 있고 연관되는 곳을 우선 선정하라.

우리에게는 저마다 받은 은사가 다르듯이 우리의 관심사도 다양하다.

자신과 연계되는 곳이든지 아니면 기도 중에 끌리는 곳을 선정하면 될 것이다. 그리고 그곳에 대한 정보를 가능하면 많이 접하되 그곳의 장단점, 그곳의 필요성과 함께 영적인 진단까지 하고, 하나님께 사역지로 정하였다고 서원하고 뜨거운 열정이 생기도록 하나님의 도움을 구해야 할 것이다.

그리고 확실한 사명으로 확신이 올 때까지 기다리고 준비해야 한다. 확신이 오면 다음 단계로 진입해야 한다.

### ③ 일주일에 한두 번 방문하여 자원봉사하라.

기관의 장을 만나서 인사하고 일주일에 한 번씩 자원봉사할 것이라고 하면 대부분은 좋아하실 것이다. 연세가 드니다른 봉사는 못 하고 대상자를 위하여 상담하고 기도하고 위로하기만 하겠다고 해야 한다.

결단코 업무에 지장 되지 않도록 봉사하겠다고 약속을 해야 한다. 어떤 기관에서든지 문제 인물이 있다. 그분들을 중심으로 하여 잘 돌보다 보면 그 분들이 복음으로 변화되어 가는 모습을 보게 될 것이다. 그리고 좋은 소문이 퍼져 나갈 것이다. 이로 인하여 인정을 받고 나면 그 기관에서 알맞은 자리를 꼭 허락할 것이다. 필자도 그런 경험을 했다.

**④ 때가 되면 매일 출근하여 자원봉사를 해보라.**

이제는 어느 정도 상황 파악을 했으니 선교 전략을 짜야한다. 그 기관에 맞게 예배 프로그램을 작성하고, 상담, 친교, 외부 위문 공연 연결 및 자원봉사팀을 연계시키는 프로그램을 작성하여 기관장에게 보고한다. 그 기관의 발전을도모하고 있다 판단되면 허락 뿐 아니라 지원을 받게 될 것이다.

필자 주변에 있는 불신자 병원에서 이와 같은 사례가 있음을 실제로 보았고 필자가 섬기는 병원에도 이와 비슷한 케이스가 있다. 이웃 병원에서는 이렇게 자원봉사를 하는 사역자에게 공간도 제공하고 활동비까지 지원해 주어 완전 원목실로의 면모를 갖추고 당당하게 자리를 잡게 되는 경우도 있었다. 우리 병원에도 어느 사역자가 자원봉사로 오셨다가 우리 병원의 정식 직원으로 청빙 되기도 하였다.

은퇴 목회자는 평생 사역할 특수 사역지를 만들(개척)어서 목회 연장을 하게 되어 특수 사역자가 되는 것을 목표로 삼길 바란다. 이런 사역지는 우리 은퇴자들이 관심이 있고 영혼을 사랑하는 마음이 있다면 주위에 많이 준비되어 있다. 예수님의 탄식이 들려온다. 추수할 곡식은 많은데 일꾼이 적다고….

# 1부

# 은퇴 후의 목회

## 저자 **윤인구** 목사

수도 침례신학교 졸업. 수도 침례신학교 대학원 졸업

어부 침례교회 담임역임(현 원로목사)

하이미션 커뮤니티 대표

실버 처치 세미나 주강사

실버 및 일반 부흥회 강사

※ **세미나 및 집회 신청 연락처**

대표전화 **1899-8591 031)775-1691** HP **010-3667-8291**

# 1_ 은퇴 후에도 목회는 쉴 수 없다

은퇴 목사님들 중에는 은퇴 후에
도 집에서 그냥 쉴 수 없다고 생
각하고 새로운 사역에 도전하는
분들이 있다. 해외 선교사로 나간다던가, 다시 교회를 개척한다
던가, 병원 등 특수 목회를 한다던가, 무교회 지역에 가서 사역
을 하는 것이다. 상당히 의미 있는 일이다.

그런데 이런 사역을 하는 데는 여러 가지 여건과 환경이 맞아
야 한다. 그렇다 보니 대부분의 목사님들은 은퇴와 동시에 사역
을 내려놓고 소일하게 된다.

처음에는 무거운 사역의 짐을 내려놓아 홀가분하고 편안하게
느끼지만, 얼마 안 가 공허함이 찾아든다. 강단에서 매일 같이
설교를 하던 목회자가 평신도와 같은 신앙생활을 지속하게 되면
마치 무위도식하는 것처럼 느껴지고 영적으로 다운되어 상당히
허전해진다.

나는 실버처치 사역에 집중하기 위하여 63세(2013년도)에 조기 은퇴를 했다. 그리고 바쁘게 실버사역을 하고 있다. 그럼에도 불구하고 담임 목회를 하지 않는 것에 대한 아쉬운 마음이 들 때가 종종 있다. 담임 목회할 때처럼 강단에 서는 기회가 많지 않기 때문인지도 모른다.

하물며 은퇴한 후 어느 날 갑자기 모든 사역을 내려놓게 되면 어떨까? 그 영적 충격은 의외로 크다. 아마 은퇴한 목사님들이라면 대체적으로 공감할 것이다. 은퇴 후에도 주와 복음을 위하여 어떤 역할을 하고 싶은데 그런 여건이 잘 주어지지 않는 것이 현실이다.

여기에 매우 좋은 대안이 있다. 바로 주변 어르신들을 대상으로 전도를 하는 것이다. 단순히 전도만 하는 것이 아니라 복음도 전하고 양육도 하고 예배도 드리는, 실버광야교회(성전이 없는 길거리교회)를 운영하는 것이다.

나의 주 사역은 어르신을 전도하는 일이다. 주님의 은혜로 약 5년 전(2012년 봄)에 '실버처치'를 세우고 현장에서 어르신들을 전도하고 있다. 또 전국 교회를 개별로 방문하여 실버전도 방법을 전수해 드리고 실버처치를 세우도록 돕는 사역을 하고 있다.

평상시 나는 이 사역을 하면서 은퇴 목사님들이 실버사역에 눈을 돌렸으면 좋겠다는 생각을 오랫동안 해 왔다. 많은 경륜과 능력이 있고 인격이 훌륭한데도 불구하고, 젊은이들은 나이가 많다는 이유로 은퇴 목사님을 환영하지 않는 경향이 있다. 그런데 어르신들을 상대로 사역을 하면 사정이 달라진다. 다 같이 늙어 가는 입장이기 때문에 어르신들도 좋아해서 부담이 없다. 은퇴 목사라고 하면 경계하지 않고 편하게 여기 때문에 접근하기도 쉽다.

길에서 스치는 열 사람 중에서 예수 믿고 구원받은 사람은 불과 한두 사람 정도이다. 나머지 여남은 명은 아직 구원자 예수 그리스도를 만나지 못한 사람들이다. 은퇴 목사님들이 마음만 먹는다면 오늘부터 당장 이들을 대상으로 전도(목회)를 할 수 있다.

## 2_ 평생 목회(사역)할 수 있는 길이 있다

우리 나라도 벌써 고령화 시대가 되었다. 앞으로 고령화 현상은 더욱 가속도가 붙을 것이다. 그러니 이들을 대상으로 목회를 하면 기력이 쇠할 때까지 평생 목회(사역)를 할 수 있다.

은퇴 목사는 아무리 능력이 있어도 나이가 많기 때문에 젊은 사람들에게 환영을 받기 어렵다. 그러나 어르신들에게는 환영받을 수 있다. 다 같이 늙어 가는 입장이기 때문이다. 한 교회의 담임 목사가 아니고 은퇴 목사이기 때문에 오히려 불신자 어르신들에게 쉽게 접근할 수 있다는 장점도 있다.

어르신들은 시간이 많다는 것이 특징이다. 경로당이나 노인복지센터, 공원 등에 가면 많은 어르신들을 만나 교제할 수 있다. 길거리에만 나가 보아도 어르신들을 많이 만날 수 있다.

첫 단계는 이들에게 가까이 다가가서 주님의 사랑으로 섬기고 나누며 좋은 인간관계를 만들어 가는 것이다. 그리고 어느 시점이 되어서 친숙해지면 복음을 전하는 것이다. 일대일로 할 수도 있고, 일대 다수를 대상으로 할 수도 있다. 잘 정착이 되어 믿는 자가 많아지면 적당한 공간(이를테면 경로당, 복지관, 정자(亭子), 사랑방, 공원 등)에서 실버예배를 드리거나 성경공부를 할 수도 있다. 글자 그대로 실버광야교회가 되는 것이다.

이렇게 어느 정도 잘 양육이 되면 내가 다니는 교회로 인도하든가 가까운 이웃 교회로 인도하여 주일을 성수할 수 있도록 한다.

이 실버전도 사역은 큰 재정 부담 없이 지속적으로 할 수 있는 사역이다. 은퇴 후 특별한 사역이 없는 목회자에게는 그야말로 안성맞춤이다.

은퇴 후의 사역은 내 교회 성도를 만드는 것이 목적이 아니기 때문에 더 부담이 없다. 어르신들이 더 늙기 전에, 돌아가시기 전에 예수님을 만나게 하려는 사명만이 있을 뿐이다. 더구나 어르신들을 대상으로 하는 사역이기 때문에 기력이 쇠하는 그날까지 평생 할 수 있다는 장점도 있다. 은퇴 목사님에게는 매우 절묘하게 맞아떨어지는 귀한 사역이 아닐 수 없다.

# 3_ 최대의 황금어장

주목할 것은 노인 계층이 전도의 황금어장이라는 사실이다. 실버사역에 집중하면서 나는 이 같은 사실을 날마다 확인한다.

그것은 노년기가 인생의 마지막 기간을 보내고 있는 시기이기 때문이다.

나이가 점차 들면서 육체는 날로 노쇠해 간다. 허리도 불편하고 무릎도 아프다. 눈도 침침하고 귀도 잘 들리지 않는다. 음식 맛도 별로 없고 먹은 음식이 잘 소화되지도 않는다. 모든 육체 기능이 떨어지는 것이다. 고약한 질병도 한두 가지씩은 안고 살아가게 된다.

그마나도 치명적인 병이 없으면 다행이지만, 남은 삶은 얼마 안 된다는 건 누구나 알고 있다. 친구들이 한 명씩 떠나가면서, 질병과 죽음에 대한 어두운 마음이 그림자처럼 따라붙게 된다.

이렇게 죽음을 앞두고 있을 때, 사람은 창조주 하나님을 찾는다. 심판의 두려움을 본능적으로 느끼기 때문이다.

이때 죽음이라는 피할 수 없는 현실 문제를 제기하면서, 죽음을 이기고 천국에 들어갈 수 있는 길을 진지하게 제시하면, 노인들은 대개 복음에 귀를 기울인다. 죽음을 이길 뿐 아니라 영생과 천국을 얻는 복음을 놀라운 사실로 받아들이는 것이다. 이런 현상은 실버사역 기간 내내 수없이 확인한 것이다.

귀도 멀고 이해력도 떨어지고 고집도 세지만, 가장 복음을 잘 받아들일 수 있기에 황금어장인 것이다.

# 4_ 현장 전도

일반적으로 전도가 잘 안 되는 중요한 이유 중의 하나는 아직 생고구마 어르신들에게 처음부터 주일날 교회에 나오라고 강요하기 때문이다. 물론 하나님을 믿는 신앙인은 주일을 성수하는 것이 가장 기본이다. 주일에 교회를 나와야 하나님께 예배를 드리고 정상적인 신앙인의 삶을 살아갈 수 있기 때문이다.

그런데 문제는 주일날 초청을 하면 불신자들이 부담을 갖는다는 데 있다. 교회에 갔다가 자칫 잘못하여 발목 잡히면 매 주일 쉬지도 못하고 교회에 가야 하고 또 헌금도 해야 한다고 생각하기 때문에 부담이 되는 것이다. 어떤 이들은 그런 부담이 커서 아예 교회에 발을 들여놓으려 하지 않는다.

이런 문제와 부딪친 끝에, 차라리 주일 출석을 서두르지 않는 것이 오히려 전도의 성공 비결이 될 수 있겠다는 결론에 다다랐다. 주일 출석보다 영혼 구원이 더 중요하기 때문이다.

실버전도는 주일날 서둘러 교회에 나오라고 서두르지 않는다. 경로당, 공원, 정자(亭子), 길거리 등 어느 곳이나 예배를 드리는 교회가 될 수 있기 때문이다.

처음에는 무작위로 만나는 어르신들에게 과자 같은 먹거리를 나눠 드리면서 친근하게 접근을 한다. 그리고 솔직하게 신분을 밝히며 인사를 한다. "저는 은퇴 목사이고 ○○동에 삽니다." 하고 밝히는 것이다. 명함을 활용하는 것도 좋은 방법이다.

감사하게도 사람들은 은퇴 목사라고 하면 목사임에도 불구하고 크게 경계하지 않는다. 처음부터 목사라는 신분을 밝혀 두면 차후에 복음을 제시하기가 쉽다.

이렇게 얼굴을 익힌 다음에는 자주 만나서 교제하며 친분을 쌓아 나간다. 그들의 눈높이에 맞추어서 함께 운동도 하고 산책도 한다. 장기바둑도 두고 대화도 나누다 보면 친숙한 관계가 된다.

아프신 어르신에게는 기도도 해 주고, 안마도 해 드린다. 부축도 해 드리고 가급적 많은 대화를 나눠 본다. 대화를 할 때는 어르신의 얘기를 많이 듣는 게 좋다. 이야기를 듣다 보면 그의 인생관, 환경, 성격, 종교관 등을 자연스럽게 알게 된다. 그러면 복음을 전할 방향이 보인다.

그다음에 적당한 시간을 잡아 복음을 전하고 예수를 영접하도록 이끄는 것이다. 복음을 전할 때는 한 장짜리 전도지를 사용해도 되지만, 할 수만 있다면 단계별 교재를 가지고 일대일 양육을 진행하는 게 더 좋다. 그 다음에 실버광야예배(모임)에도 참석하게 한다.

이렇게 예수님을 영접하고 믿음이 어느 정도 자란 다음에, 내가 섬기는 교회나 가까운 교회로 인도한다. 반드시 주의할 것은, 어르신이 확실히 예수를 만나고 믿음이 어느 정도 성숙하기 전까지는 기성 교회 출석을 서두르지 말아야 한다는 점이다. 주일마다 출석해야 한다거나 헌금을 해야 하는 것이 심리적으로 부담이 될 수 있기 때문이다.

전도 대상자나 접근 방법, 전도 방법, 관리 방법 등 좀더 구체적이고 전문적인 방법에 대해서는, 다른 책 '전도하는 목사' 편에서 자세하게 소개하고 있으니 참고하기 바란다.

# 5_ 사랑전도

나는 오랫동안 '어떻게 하면 전도를 잘할 수 있을까? 하나님의 원리에 가장 가까운 전도 방법은 무엇일까?' 하는 문제에 골몰했었다. 그런 어느 날, 기도하는 가운데 성령님께서 '하나님의 전도 방법은 바로 사랑'이라는 사실을 깨닫게 해 주셨다. 전지전능하고 절대적인 힘을 가진 하나님께서 인류를 구원하실 때 사용하신 방법이 바로 '사랑'이었던 것이다. 하나님은 놀랍고 신비한 파워를 사용할 수 있는 전능한 분이셨지만, 힘이 아닌 사랑을 사용하셨다.

(요일 4:7) 사랑하는 자들아 우리가 서로 사랑하자 사랑은 하나님께 속한 것이니 사랑하는 자마다 하나님으로부터 나서 하나님을 알고 (8) 사랑하지 아니하는 자는 하나님을 알지 못하나니 이는 하나님은 사랑이심이라 (9) 하나님의 사랑이 우리에게 이

렇게 나타난 바 되었으니 하나님이 자기의 독생자를 세상에 보내심은 그로 말미암아 우리를 살리려 하심이라 (10) 사랑은 여기 있으니 우리가 하나님을 사랑한 것이 아니요 하나님이 우리를 사랑하사 우리 죄를 속하기 위하여 화목 제물로 그 아들을 보내셨음이라

(요 3:16) 하나님이 세상을 이처럼 사랑하사 독생자를 주셨으니 이는 그를 믿는 자마다 멸망하지 않고 영생을 얻게 하려 하심이라

이 말씀은 인류를 향한 하나님의 구원 계획이 철저하게 사랑에 기반을 두고 있다는 걸 알게 해 준다. 하나님은 사랑 때문에 인류를 구원하기로 작정하셨고, 사랑이라는 수단과 방법으로 구원을 이루셨다. 독생자를 내어 주신 아가페 사랑으로 구원을 이루신 것이다. 하나님의 크고 놀라운 사랑이 바로 구원의 동력이며 능력이었다.

이를 통해 나는 사랑 자체가 전도의 도구가 되고, 수단이 된다는 사실을 알았다. 사랑이 방법이 되고 전략이 된다. 그러므로 전도는 시작도 사랑으로, 진행도 사랑으로, 마무리도 사랑으로 해야 한다.

A라는 아내와 B라는 아내가 있다고 하자. 이들은 각각 예수 믿지 않는 자기 남편을 전도하기로 했다.

A는 전도에 대한 재주가 아주 많다. 보통 사람들보다 탁월하게 전도를 잘한다. 그런데 남편을 별로 사랑하지 않는다. 그리고 B는 전도를 전혀 할 줄 모른다. 다만 남편을 깊이 사랑한다. 이렇게 가정했을 때 A와 B 중 누가 남편 전도를 더 잘할 수 있을까?

세미나 때 이런 퀴즈를 내면 대체적으로 B가 더 잘할 것이라고 대답한다. 맞다. 아무리 전도하는 재주가 있더라도 A는 남편을 사랑하지 않기 때문에 남편의 마음을 움직이기 어려울 것이다. 그러나 B는 비록 전도하는 재주가 없더라도 남편의 마음을 움직일 수 있다. 남편을 진실로 사랑하기 때문이다. 이렇게 생각해 보면, 전도의 핵심 동력이 바로 사랑이라는 사실을 알 수 있다.

이 같은 전도의 원리를 깨닫고, 나는 8년 전(2009년도)에 '사랑전도'라는 책을 집필했다. 여기서는 핵심적인 내용만 간추려서 소개한다.

## 전도(목회)의 핵심 동력은 사랑이다

전도(목회)에 있어서 가장 중요한 요소는 사랑이다. 사랑의 중요성은 아무리 강조해도 지나치지 않다. 사랑에는 참으로 놀라운 비밀이 있다. 사랑에 대하여 살펴보자.

하나님은 사랑이시다. 모든 것이 하나님의 아가페 사랑으로부터 왔다. 사랑이 풍성한 사람은 행복하다. 사랑이 풍성한 가정은 화목하다. 사랑이 풍성한 사회는 건강하다. 사랑이 풍성한 교회는 부흥한다. 사랑이 공급되면 마음의 병이 치료된다. 사랑이 공급되면 질병이 치료된다. 사랑이 공급되면 무너진 가정이 회복된다. 사랑이 공급되면 어두운 사회가 정화된다.

　사람은 사랑을 담는 그릇이다. 하나님을 모르는 사람에게 아가페 사랑이 전이되면 구원의 역사가 일어난다. 사랑에 갈급해 있는 영혼의 그릇에 하나님의 사랑이 부어지면 그 영혼은 반응하게 된다. 메마른 땅에 단비가 내리면 말라 있던 식물이 살아나듯, 하나님의 사랑을 받게 되면 죽은 영혼이 살아난다.
　그러므로 사랑은 전도의 동력이 되고 구원의 능력이 된다. 하나님의 사랑은 끊임없이 전달되고, 전파되고 전이되어야 한다.

　하나님의 사랑을 세상에 알리고 전하기 위해서는 그 사랑을 먼저 받은 하나님의 종이 사랑의 전령이 되어야 한다. 아가페 사랑을 전하는 사랑의 배달원이 되어야 한다. 사랑이신 하나님을 알지 못하고 하나님의 사랑을 받지 못한 사람에게 하나님의 사랑을 전하여, 아가페 사랑을 알게 해야 한다. 그 사랑을 받게 해야 한다. 죄로 말미암아 잃어버렸던 사랑을 찾게 해야 한다.
　주님의 사랑을 땅 끝까지 전하려면 목회자가 먼저 서로 사랑을 알아야 할 것이다. 가정에서 사랑하고, 교회에서 사랑하고,

학교에서 사랑하고, 일터에서 사랑해야 한다. 먼저 하나님을 사랑하고, 또한 이웃을 사랑해야 할 것이다.

(마 22:37) 예수께서 이르시되 네 마음을 다하고 목숨을 다하고 뜻을 다하여 주 너의 하나님을 사랑하라 하셨으니 (38) 이것이 크고 첫째 되는 계명이요 (39) 둘째도 그와 같으니 네 이웃을 네 자신 같이 사랑하라 하셨으니 (40) 이 두 계명이 온 율법과 선지자의 강령이니라

## 모든 인생의 길은 사랑으로 통한다

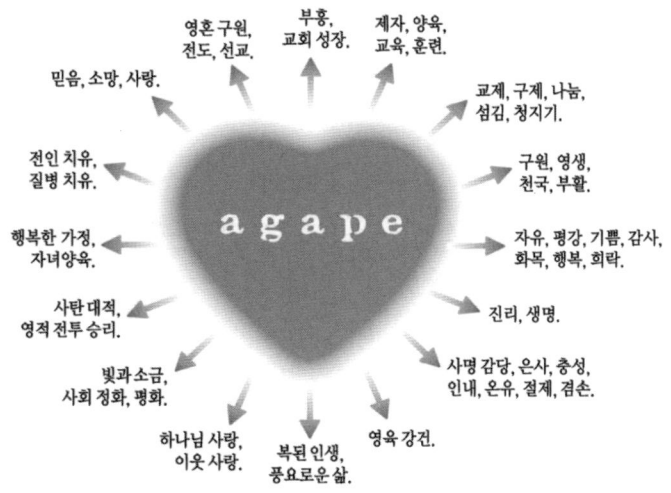

모든 길은 로마로 통한다는 말이 있다. 그러면 우리 인생의 길은 무엇으로 통할까? 사랑이다. 인생의 모든 길은 사랑으로 통

한다. 영혼 구원, 전도, 선교에 있어서 가장 중요한 요소가 사랑이라는 것만 봐도 이것을 알 수 있다. 사랑이 없는 전도는 울리는 꽹과리가 되기 쉽다.

오늘날 수많은 가정이 이혼을 하고 있다. 다투고 미워하며 고통 가운데 사는 사람이 많다. 왜 그럴까? 사랑이 결핍되었기 때문이다. 이런 가정에 사랑이 회복되면 행복이 다시 온다.

오늘날 세상의 악한 문화와 유행이 청소년들의 영혼을 병들게 하고 있다. 이들을 어떻게 건강하고 바른 인격체로 양육할 수 있을까? 사랑이다.

물질만능주의가 부모와 자식 사이의 천륜을 갈라놓고 있다. 돈 때문에 사람을 죽이기도 하는 세상이다. 무엇으로 예방할 수 있을까? 사랑이다.

교회 부흥 성장의 동력은 무엇일까? 사랑이다. 하나님의 사랑이 교회에 풍성하면 교회는 건강해지며 부흥 성장하게 된다.

제자 양육, 훈련, 교육의 핵심 동력은 무엇일까? 사랑이다. 사랑 없는 제자 양육은 속 빈 강정일 뿐이다.

나눔, 섬김, 구제의 핵심 동력은 무엇일까? 사랑이다. 사랑이 있는 곳에는 자연스럽게 나눔과 섬김과 구제가 따라온다. 사랑이 없는 나눔, 섬김, 구제는 소리만 요란할 수 있다.

마음에 불안, 근심, 걱정, 두려움, 스트레스, 원망, 상처가 있다. 어떻게 해야 할까? 사랑이다. 사랑이 채워지면 상처가 치유되고 회복된다. 영육이 강건해진다. 사랑이 충만하면 자유, 평강, 기쁨, 감사, 화목, 행복, 희락이 온다.

가난을 어떻게 극복할까? 사랑이다. 사랑이 채워지면 가난은 물러간다. 풍성한 삶으로 채워진다. 사랑이 오면 삶의 의욕이 일어나고 열심이 살아난다. 그러므로 자연적 가난은 풍성으로 바뀌게 된다.

진리, 생명이 어디서부터 왔을까? 하나님의 아가페 사랑으로부터 왔다. 하나님은 사랑이시다. '하나님이 세상을 이처럼 사랑하사' 우리에게 독생자를 주셨다.

예수님을 믿는 우리는 썩은 세상의 소금이며 어두운 세상의 빛이다. 어떻게 세상의 소금과 빛이 될 수 있을까? 사랑이다. 사랑이 가면 썩은 곳이 정화되며 어두운 곳이 밝아진다. 사랑이 있으면 국가와 사회가 건강해진다. 살기 좋은 곳이 된다.

악한 사탄을 어떻게 대적할까? 사랑이다. 사랑이 있는 곳에서는 사탄이 공격할 빌미를 찾지 못한다. 사랑이 넘치는 곳에서 사탄은 무기력할 수밖에 없다. 사탄은 사랑이라는 무기로 대적하는 것이다. 사랑으로 이기는 것이다.

예수님께서 자신의 생명을 내어 주시고 우리에게 구원, 영생, 천국, 부활의 소망을 주신 것은 사랑 때문이다. 사랑의 발로이다. 하나님은 독생자를 주시기까지 우리를 사랑하실 뿐 아니라, 영원히 사랑하시기 위하여 자녀 삼아 주셨다.

모든 길은 사랑으로 통한다. 가정도, 교회도, 일터도, 사회도 모두 사랑으로 통한다. 사랑은 능력이다. 사랑보다 더 강한 힘은 없다. 사랑은 좋은 에너지를 생성하는 발전소이다. 사랑은 나쁜 것을 걸러 내는 재생의 발전소이다. 치유와 회복의 발전소이다. 사랑은 만병통치약이다. 모두 사랑으로 통한다.

(롬 5:8) 우리가 아직 죄인 되었을 때에 그리스도께서 우리를 위하여 죽으심으로 하나님께서 우리에게 대한 자기의 사랑을 확증하셨느니라

(롬 13:10) 사랑은 이웃에게 악을 행하지 아니하나니 그러므로 사랑은 율법의 완성이니라

(고전 13:13) 그런즉 믿음, 소망, 사랑, 이 세 가지는 항상 있을 것인데 그 중의 제일은 사랑이라

(요일 4:7) 사랑하는 자들아 우리가 서로 사랑하자 사랑은 하나님께 속한 것이니 사랑하는 자마다 하나님으로부터 나서 하나님을 알고 (8) 사랑하지 아니하는 자는 하나님을 알지 못하나니 이는 하나님은 사랑이심이라 (9) 하나님의 사랑이 우리에게 이렇게 나타난 바 되었으니 하나님이 자기의 독생자를 세상에 보내심은 그로 말미암아 우리를 살리려 하심이라 (10) 사랑은 여기 있으니 우리가 하나님을 사랑한 것이 아니요 하나님이 우리를 사랑하사 우리 죄를 속하기 위하여 화목 제물로 그 아들을 보내셨음이라 (11) 사랑하는 자들아 하나님이 이같이 우리를 사랑하셨은즉 우리도 서로 사랑하는 것이 마땅하도다 (12) 어느 때나 하나님을 본 사람이 없으되 만일 우리가 서로 사랑하면 하

나님이 우리 안에 거하시고 그의 사랑이 우리 안에 온전히 이루어지느니라

## 실버전도는 공경(사랑)이다

인간은 사랑을 담는 그릇이다. 나이에 관계없이 사랑을 먹고 사는 존재이다. 그래서 모든 사람은 사랑에 매우 민감하다. 특히 인생의 황혼기를 살아가고 있는 쓸쓸한 노인에게는 더욱 진실한 사랑이 갈급할 수밖에 없다.

어르신들을 전도하는 일은 하나님의 사랑을 전하는 일이다. 하나님의 사랑을 받아보지 못한 어르신들에게 하나님의 사랑을 알리고 전달하는 일이다.

하나님을 모르거나 불신하더라도 그 영혼에 하나님의 사랑이 전도(傳導)되면 예수님을 믿게 되는 역사가 일어난다. 그러므로 하나님을 믿지 않는 어르신들에게 가장 필요하고 중요한 것은 하나님의 사랑을 알리고 전하는 일이라 할 수 있다.

오늘의 시대는 개인주의 시대이고 이기주의 시대이다. 사람이 사람을 믿을 수 없는 시대가 되어 가고 있다. 사랑이 말라 가고 있다. 그래서 사람들은 진실한 사랑을 더 갈급해 한다. 이런 시대일수록 계산적이지 않은 진실한 사랑이 필요하다.

어르신에게 하나님의 아가페 사랑이 터치되면 그 영혼은 반드시 반응한다. 그러므로 실버 전도자에게 가장 필요한 것은 이기

적이지 않은 사랑, 진실한 사랑으로 그들을 공경할 수 있는 마음이다. 주님의 심장을 가지고 진실한 마음으로 어르신을 공경하면 주님의 사랑이 전달된다. 어르신을 공경하고자 하는 순수한 사랑이야말로 가장 강력한 전도의 동력이며 구원의 능력이다.

특히 어르신들은 배우자를 잃어버리고 혼자 사는 경우가 많다. 사회나 가족으로부터 소외되어 더욱 외로울 수도 있다. 그러므로 더 사랑과 공경이 필요한 것이다. 진심으로 사랑하고 공경하여 하나님의 사랑을 전한다면, 어르신들은 마음의 문을 열 것이다. 이럴 때 놀라운 구원의 역사가 일어나게 될 것이다.

하나님은 전지전능하신데도, 파워가 아닌 사랑의 능력으로 인류 구원의 길을 열어놓으셨다. 품속에 계시던 독생자를 내어 주실 만큼 우리를 사랑하셨다. 사랑을 확증해 주셨다.

하나님을 전혀 모르는 영혼이 하나님의 아가페 사랑을 받게 되면 어떤 일이 일어날까? 의심과 불신앙의 벽이 깨지고 마음을 열게 된다. 우리가 전하는 복음의 말씀에 귀를 기울이게 되고 드디어 예수님을 믿는 구원의 역사가 일어나게 되는 것이다. 어르신을 진심으로 공경하는 사랑의 마음이야말로 전도의 핵심이며 구원의 동력이다.


## 사랑은 행동이다

사랑이 무엇인지 모르는 사람은 없다. 어르신을 공경해야 한다는 것을 모르는 사람도 없다. 그러나 사랑을 지식으로 아는 것에만 머무른다면 전도의 열매는 기대하기 어렵다. 사랑에는 행동이 따라야 한다.

진실한 사랑에는 반드시 행동이 동반된다. 사랑은 이론이 아니고 명사가 아니다. 사랑은 동사이다. 사랑은 행동이다.

> (고전 13:1) 내가 사람의 방언과 천사의 말을 할지라도 사랑이 없으면 소리 나는 구리와 울리는 꽹과리가 되고 (2) 내가 예언하는 능력이 있어 모든 비밀과 모든 지식을 알고 또 산을 옮길 만한 모든 믿음이 있을지라도 사랑이 없으면 내가 아무 것도 아니요

방언뿐 아니라 천사의 말을 하는 사람이 옆에 있다면 사람들은 그를 어떻게 볼까? 누구나 "와, 대단하다!" 하면서 그의 은사를 부러워할 것이다. 그러나 성경은 만약 그에게 사랑이 없다면 마치 소리 나는 구리와 울리는 꽹과리에 불과하다고 말한다. 소리만 요란하지 아무 소용이 없다는 것이다. 더 나아가 천사의 말도 오히려 소음이라고 하는 것이다. 진실한 사랑이 없으면, 행함이 따르지 않는다면 하나님의 사랑이 전달되지 않는다. 외적으로 아무리 소리가 요란해도 소용이 없는 것이다.

울리는 꽹과리가 되지 않으려면 행동해야 한다. 가을에 풍성한 수확을 하려면 봄에 씨앗을 부지런히 뿌려야 한다. 사랑은 농사와 같고 씨앗과 같다. 뿌린 대로 수확하게 되어 있다. 콩 심은

데 콩 나고 팥 심은 데 팥 난다. 심은 대로 거두는 것이 사랑의 법칙이다. 사랑을 심으려면 반드시 심는 행동을 해야 한다. 사랑은 행동이다. 공경은 행동이다.

## 작은 사랑이 중요하다

사랑을 논할 때 자칫 큰 사랑만 생각할 수 있다. 엄청난 희생으로 이루는 눈물겨운 사랑만 생각하는 것이다. 그러나 작은 사랑도 큰 사랑 못지않게 중요하고 소중하다. 작은 사랑도 소홀히 여겨서는 안 된다. 오히려 사랑이 풍성해지려면 작은 사랑을 소중히 여겨야 한다.

어떤 의미에서 사람들은 큰 사랑은 잘하는 것 같다. 어머니의 사랑이 그 좋은 예다. 어머니의 사랑은 참으로 위대하다. 자녀를 위해 기꺼이 자신을 희생한다. 자식을 위해 평생 고난의 길을 마다하지 않는다.

이에 비해 일상 속에서 소소하게 지나가는 작은 사랑은 놓치기 쉽다. 친절한 말, 공경의 말, 격려의 말, 위로의 말, 사랑의 말, 칭찬의 말, 긍정의 말은 그저 말 한 마디라고 생각하기 쉽다. 이와 더불어 어르신 먼저 공경하기, 먼저 인사하기, 상대방 배려하기, 남 먼저 섬기기, 질서 지키기, 비판하지 않기, 남에게 피해를 주지 않기 같은 행동, 습관들이 사랑을 풍성하게 만들어 준다. 소홀히 여기기 쉬운 이런 작은 사랑 실천이 바로 사랑을 이루는 동력이 될 수 있다.

거창한 행사보다 이런 작은 사랑을 실천하는 것이 우리 가정과 교회와 사회를 한층 풍성하게 만든다. 어르신을 사랑하고 공경하는 일도 이런 작은 일에서부터 시작되어야 할 것이다.

거대한 빌딩도 작은 벽돌 하나하나 모여서 된 것이고 거목도 처음에는 아주 연약한 작은 새싹으로부터 시작된 것이다. 큰 사랑은 작은 사랑으로부터 시작된다. 작은 사랑을 소중히 여기자. 작은 사랑부터 실천해 보자.


## 사랑이 풍성해지려면

사람은 누구나 사랑이 풍성해지기를 원한다. 사랑을 많이 받기를 원한다.

사랑이 풍성해지기 위해서는 한 가지 원리가 있다. 먼저 사랑해야 한다는 것이다. 먼저 주어야 한다. 먼저 섬겨야 한다. 먼저 심어야 한다.

앞에서도 말했지만, 사랑은 마치 농사짓는 것과 흡사하다. 가을에 풍성한 수확을 하고 싶은 농부는 먼저 봄에 씨앗을 뿌려야 한다. 봄에 씨앗을 뿌리지 않으면 가을에 수확할 것이 없다. 사랑도 마치 이와 같다. 풍성한 사랑을 수확하려면 먼저 사랑을 심어야 한다. 이것이 사랑의 법칙이다.

하나님은 사랑이시다. 사랑의 근원이시다. 사랑이 충만하신

분이다. 우리를 너무나 사랑하셔서 모든 것을 먼저 주셨다. 품속에 있던 독생자를 내어 주셨다.

예수님은 우리를 사랑하셔서 자신의 생명을 내어 주셨다. 모든 것을 먼저 다 주셨다.

사랑은 먼저 주는 것이다. 먼저 주고 나누어 풍성하게 되는 것이다.


## 사랑은 인격으로 표현된다

사랑은 표현이 중요하다. 인격은 사랑을 전달하고 표현하는 중요한 수단이다. 인격이 결여되면 사랑이 바르게 전달되지 않는다. 사람이 인격의 존재이기 때문이다.

하나님의 사랑을 바르게 전하기 위해서는 인격적이어야 한다. 윤리, 도덕에도 흠이 없어야 한다. 그러므로 그리스도인은 언행 심사가 모든 사람에게 본이 되어야 한다.

만약 하나님의 사람이 사랑을 외치면서 윤리, 도덕적으로 본이 되지 않는다면 어떨까? 세상 사람들은 우리의 사랑을 의심하면서 복음을 신뢰하지 않을 것이다. 그기에 하나님의 사랑을 전하는 전도자는 인격적으로도 바로 서야 한다.

예를 들어 사랑이 정말 많은 어떤 전도자가 있다고 하자. 그런데 말을 함부로 하는 나쁜 습관이 있다면 어떻게 될까? 아무리 사랑이 많다 하더라도 그 사랑은 반감될 것이다. 어떤 전도자가 사랑은 참 많은데 공중도덕을 잘 지키지 않는다면 어떨까? 그 사랑은 의심받게 될 것이다.

이렇게 사랑은 인격으로 표출된다. 인격이라는 포장으로 타인에게 전달된다. 그러므로 하나님의 사랑을 전하는 전도인의 인격은 매우 중요하다.

십계명 중 1~4계명은 하나님과의 관계에 대한 내용이고, 5~10계명은 사람과의 관계에 대한 내용이다. 이를 보면 사람 사이의 관계가 얼마나 중요한가를 짐작할 수 있다.

> (출 20:12) 네 부모를 공경하라 그리하면 네 하나님 여호와가 네게 준 땅에서 네 생명이 길리라 (13) 살인하지 말라 (14) 간음하지 말라 (15) 도둑질하지 말라 (16) 네 이웃에 대하여 거짓 증거하지 말라 (17) 네 이웃의 집을 탐내지 말라 네 이웃의 아내나 그의 남종이나 그의 여종이나 그의 소나 그의 나귀나 무릇 네 이웃의 소유를 탐내지 말라

> (딤전 4:12) 누구든지 네 연소함을 업신여기지 못하게 하고 오직 말과 행실과 사랑과 믿음과 정절에 있어서 믿는 자에게 본이 되어

> (벧전 5:3) 맡은 자들에게 주장하는 자세를 하지 말고 양 무리의 본이 되라

> (마 5:23) 그러므로 예물을 제단에 드리려다가 거기서 네 형제

에게 원망들을 만한 일이 있는 것이 생각나거든 (24) 예물을 제
단 앞에 두고 먼저 가서 형제와 화목하고 그 후에 와서 예물을
드리라

# 6_ 실버광야교회

출애굽한 이스라엘 백성은 광야 생활을 하는 동안에는 성전이 없었다. 광야에서 제사를 드렸다. 은퇴 목사님도 성전이 없다. 그래서 은퇴 목사님이 운영하는 교회는 실버광야교회이다.

하지만 예배당 건물이 없더라도 어르신들이 모이는 곳은 어디나 교회가 될 수 있다. 경로당도 교회가 될 수 있고, 사랑방도 교회가 될 수 있다. 동네 가운데에 있는 정자(亭子)가 교회가 될 수도 있고, 공원 벤치나 잔디밭도 교회가 될 수 있다.

모여서 교제도 하고 음식도 나누는 곳, 어르신들과 같이 찬양하고 기도하고 말씀을 전하는 곳, 예배를 드리고 성경공부를 하는 곳이면 그곳이 바로 실버광야교회가 되는 것이다.

어르신 광야교회는 인원 제한도 없다. 두세 명이 모일 수도 있고 몇십 명이 모일 수도 있다. 많이 모이면 더 좋겠지만, 적게 모여도 좋다.

> (마 18:20) 두세 사람이 내 이름으로 모인 곳에는 나도 그들 중에 있느니라

> (행 2:42) 그들이 사도의 가르침을 받아 서로 교제하고 떡을 떼며 오로지 기도하기를 힘쓰니라 (43) 사람마다 두려워하는데 사도들로 말미암아 기사와 표적이 많이 나타나니 (44) 믿는 사람이 다 함께 있어 모든 물건을 서로 통용하고 (45) 또 재산과 소유를 팔아 각 사람의 필요를 따라 나눠 주며 (46) 날마다 마음을 같이하여 성전에 모이기를 힘쓰고 집에서 떡을 떼며 기쁨과 순전한 마음으로 음식을 먹고 (47) 하나님을 찬미하며 또 온 백성에게 칭송을 받으니 주께서 구원 받는 사람을 날마다 더하게 하시니라

> (딛 1:8) 오직 나그네를 대접하며 선행을 좋아하며 신중하며 의로우며 거룩하며 절제하며

어르신들과 친숙해지기 위해 이벤트 프로그램을 가질 수도 있다. 가벼운 체조, 산책하기, 윷놀이, 당구, 게이트 볼, 탁구, 바둑, 장기 등 여러 가지 활동을 하는 것이다. 조금 더 발전하면 성경퀴즈, 찬양대회 등도 할 수 있을 것이다.

생활이 어렵거나 독거 어르신들은 특별히 마음을 써서 돌아보

고, 도움이 필요한 일이 있으면 도와드려야 한다. 개별로 가정을 심방해 기도해 드리거나 각종 기념일(생일, 결혼기념일 등)을 챙겨서 축하해 드리면 좋다. 삶의 문제도 상담해 드리고, 어르신이 아프면 병문안도 간다. 시골에는 농번기 때 일손을 도와줄 수도 있을 것이다. 도시와 농촌, 또는 그 지역의 특성이나 환경, 어르신들의 정서 등을 고려하여 나름대로의 효과적이고 유익한 프로그램을 개발하면 좋을 것이다.

어르신들을 섬기고 나누고 교제하는 것이라면 무엇이든 좋다.

(약 1:27) 하나님 아버지 앞에서 정결하고 더러움이 없는 경건은 곧 고아와 과부를 그 환난중에 돌보고 또 자기를 지켜 세속에 물들지 아니하는 그것이니라

지방자치단체나 봉사기관, 사회 후원업체 등에서 시행하는 유익한 정보(일자리 정보 등)를 알아보고 어르신들에게 전달해주기도 한다. 지역에 있는 업체(병원, 미용실, 식당, 안경점, 제과점, 공장, 회사, 가게 등), 기관 등과 MOU를 체결하여 어르신들을 잘 섬길 수 있는 프로그램도 가동한다.

광야교회에서 훈련이 끝나면 내가 섬기는 교회에 등록하여 교회를 다닐 수 있도록 인도한다.

여기서 주의할 것은 혹 이미 다른 교회에 다니고 있는 어르신이라면 다니던 교회에 더 열심히 잘 다니도록 해야 한다는 점이

다. 때에 따라서는 적극적으로 이웃 교회에 소개해야 할 때도 있다. 내가 섬기는 교회의 거리가 너무 멀면 내 교회로 인도하기가 어렵기 때문에 이웃에 있는 가까운 교회에 다니도록 하는 것이 좋을 것이다.

이웃 교회에 소개할 때는 처음에 혼자 가도록 하는 것보다는 함께 동행하여 해당 교회 담임 목사님을 직접 만나서 소개하는 등 인수인계를 잘해야 할 것이다. 혹 이웃에 실버처치를 하고 있는 교회가 있으면 그 교회를 연결하여 실버처치에 다닐 수 있도록 하는 것도 한 방법이 될 것이다.

실버광야교회는 일종의 '플랫폼(중간 경유지) 교회'라 할 수 있다. 생고구마 어르신들을 전도하여 복음을 전하고, 예수 믿게 하여 천국 백성이 되게 한 후, 예배당이 있는 기성 교회에 나가도록 운영하기 때문이다. 기성 교회처럼 내 교회, 내 성도를 만드는 것이 아니기 때문에 모든 면에서 자유로울 수 있고, 이웃 교회에도 유익이 된다.

# 2부

# 양육

# 1_ 실버전도는 양육에서 승패가 난다

어르신 전도는 양육에서 승패가 난다. 전도도 쉽지 않지만, 양육 또한 결코 간단한 문제가 아니다. 지난 6년간 실버사역에 집중하면서, 이런 사실을 수없이 깨닫고 있다. 10여 년 전에는 83세 되신 어떤 어르신께 복음(예수 영접)을 전했는데, 무려 여덟 번을 전하고 나서야 구원의 확신을 갖는 것을 보았다. 한 장짜리 전도지를 가지고 열흘에 한 번 꼴로 복음을 증거했으니, 약 3개월이 소요된 것이다.

예수 그리스도를 마음으로 믿고 입으로 시인해야 구원을 받는데, 어르신들은 처음 복음을 전할 때는 이해를 하다가도 열흘 정도 지나면 잊어버리기 일쑤다. 그러니 예수 영접 기도를 했다고 하더라도 과연 이 영혼이 진실로 예수님을 영접했는지 걱정이 앞선다. 아무리 교회를 오래 다니고 성도라고 부른다고 할지라도, 구원의 원리를 정확히 이해하지 못하면 과연 구원받을 수 있을지 의문이다. 설령 예수를 영접했다 하더라도 복음을 잊어버리린다면 또 어떻게 될까? 그러니 양육을 책임지고 있는 목회자 입장에서는 불안한 마음을 떨쳐버릴 수 없다.

어르신들은 눈도 침침하고 귀도 잘 안 들리고 이해력도 떨어진다. 고집이 센 분도 많다. 어르신들을 양육해 보면 이런 어르신들에게 예수님을 믿게 하는 것이 만만치 않음을 알게 된다. 어르신 양육은 많은 지혜가 필요하다.

그동안 어르신들을 대상으로 양육했던 내용 중에서 매우 중요한 양육 테마들만 선별하여 간단하게 소개한다.

## 2_ 실버예배는 실버광야교회의 꽃

예배는 신앙생활의 꽃이다. 실버광야교회도 예외는 아니다. 실버예배를 통하여 하나님께 영광을 돌릴 뿐 아니라 어르신들이 주님을 만나고 변화하도록 도와야 한다.

실버전도를 하고, 일대일 양육을 하여 어느 정도 소수의 인원이라도 모이게 되면 예배를 시작하는 것이 바람직하다. 예배 장소는 이웃이나 다른 사람에게 피해가 가지 않는 곳이어야 한다. 여건이 허락된다면 경로당이나 사랑방은 좋은 교회 장소가 된다. 날씨가 따뜻할 때는 정자(亭子), 공원의 잔디밭 등도 괜찮을 것이다. 모일 때 어르신들이 간단히 드실 수 있는 다과를 준비할 수 있다면 더욱 좋을 것이다.

예배에 승부를 건다는 마음으로 최선을 다하여 예배를 인도하고 말씀을 진솔하게 잘 전한다. 말씀의 내용은 구원과 직결되는 내용 위주로 하는 것이 좋다. 어르신들이 언제 떠나실지 모르기 때문이다.

찬양할 때는 카세트 등 이동식 찬양 반주기를 활용하면 좋을 것이다. 만약 기타 같은 악기를 다룰 줄 아는 목회자라면 악기를 들고 찬양을 인도하는 것도 좋을 것이다. 혹 어르신들 중에 악기를 다룰 줄 아는 분이 있으면 악기를 가져오게 하여 함께 반주한다면 더욱 은혜가 될 것이다.

예배 순서는 일반 예배 형식을 갖추되, 너무 복잡하거나 딱딱하지 않게 진행하는 것이 좋다. 예배가 끝난 후에는 교제를 하거나 성경공부를 하는 등 유익한 프로그램을 가동하는 것도 좋을 것이다.

다음카페에서 '실버처치'를 검색하면 '실버처치 카페'가 나온다. 2013년 9월부터 이곳에 윤인규 목사의 실버예배 말씀선포(설교) 내용을 매주 올려놓고 있으니, 말씀 준비할 때에 참고가 되었으면 좋겠다.

# 3_ 구원의 초청

교제를 시작하여 어느 정도 친숙
해지면 구원의 초청(예수 영접)을
시도한다. 구원의 초청은 타이밍
을 잘 맞추는 것이 중요하다. 너무 서둘러도 안 되지만 너무 질
질 끌어도 좋지 않다. 타이밍을 잘 맞추는 것이 그리 쉽지는 않
지만, 그렇다고 너무 어렵게만 생각하면 안 된다. 가능할 수도
있겠다 싶으면 일단은 시도해 보는 것이 좋다.

"어르신, 오늘은 아주 좋은 소식 한 가지 가져왔어요."하고 운
을 뗀 다음에, "뭔데?"하고 반응을 보이면 "이것이에요."하면서
한 장짜리 전도지를 펴 보인다.(전도지 견본은 뒤표지 안쪽에 있
다.) 이때 지체하거나 망설이지 말고 바로 앞 장부터 설명을 하
는 것이 중요하다.

복음을 전하기 전에 먼저 양해를 구하고 설명을 드리는 방법
도 있으나, 먼저 양해를 구하면 대개는 "생각해 보겠다."하고는

거부하고 만다. 어르신들의 마음이 준비되어 있지 않기 때문에 오히려 양해를 구하고 진행하려 하다 보면 실패하기가 쉽다. 그래서 일단은 전도지(천국 시민 되세요)를 펴면서 바로 자연스럽게 설명에 돌입한다.

"어르신, 건강하고 장수하시기 바랍니다. 그런데 어르신, 여기 한번 보세요…." 하면서 일방적으로 설명을 시작하면 대개는 잘 들어준다.

첨부한 전도지는 간단한 그림과 함께 내용이 간단명료하게 편집되어 있어서 누구나 쉽게 설명할 수 있다. 7쪽에서 '예수님 영접 기도'를 할 때는 눈을 감게 하고 기도 내용을 차례대로 읽어 나가며 따라 기도하게 하면 된다.

전도지를 가지고 복음을 증거할 때는 상대방을 옆에 앉게 하고 나란히 앉아서 설명을 진행하는 게 좋다. 복음 증거가 끝나고 예수님을 영접한 후에는 전도지를 선물로 주고 시간이 될 때 한 번씩 읽어 보라고 권한다.

시중에 사영리 등 여러 가지 형태의 전도지가 많이 있으니 취사선택하면 될 것이다. 전도지 외에 성경, 양육 교재 등을 활용할 수도 있다.

성경을 활용할 경우는 복음과 밀접하게 관련된 말씀들을 차례대로 찾아 읽어 가면서 증거하면 될 것이다. 참고로 관련 말씀들을 소개한다.

(히 9:27) 한번 죽는 것은 사람에게 정해진 것이요 그 후에는 심판이 있으리니

(행 16:30) 그들을 데리고 나가 이르되 선생들이여 내가 어떻게 하여야 구원을 받으리이까 하거늘 (31) 이르되 주 예수를 믿으라 그리하면 너와 네 집이 구원을 받으리라 하고

(요 3:16) 하나님이 세상을 이처럼 사랑하사 독생자를 주셨으니 이는 그를 믿는 자마다 멸망하지 않고 영생을 얻게 하려 하심이라 (17) 하나님이 그 아들을 세상에 보내신 것은 세상을 심판하려 하심이 아니요 그로 말미암아 세상이 구원을 받게 하려 하심이라

(요 1:12) 영접하는 자 곧 그 이름을 믿는 자들에게는 하나님의 자녀가 되는 권세를 주셨으니

(요 5:24) 내가 진실로 진실로 너희에게 이르노니 내 말을 듣고 또 나 보내신 이를 믿는 자는 영생을 얻었고 심판에 이르지 아니하나니 사망에서 생명으로 옮겼느니라

(행 2:38) 베드로가 이르되 너희가 회개하여 각각 예수 그리스도의 이름으로 세례(침례)를 받고 죄 사함을 받으라 그리하면 성령의 선물을 받으리니

(엡 2:8) 너희는 그 은혜에 의하여 믿음으로 말미암아 구원을 받

았으니 이것은 너희에게서 난 것이 아니요 하나님의 선물이라

(요 11:24) 마르다가 이르되 마지막 날 부활 때에는 다시 살아날 줄을 내가 아나이다 (25) 예수께서 이르시되 나는 부활이요 생명이니 나를 믿는 자는 죽어도 살겠고

(롬 10:9) 네가 만일 네 입으로 예수를 주로 시인하며 또 하나님께서 그를 죽은 자 가운데서 살리신 것을 네 마음에 믿으면 구원을 받으리라

# 4_ 구원의 확신

어떤 그리스도인에게 "당신이 오늘 죽는다면 천국 갈 수 있습니까?" 하고 물었을 때 이렇게 대답했다고 가정해 보자. "글쎄요, 교회에 다니기는 하지만 정말 천국에 갈 수 있는지는 죽어 봐야 알겠습니다."

이런 사람은 정말 천국에 갈 수 있을까? 나는 의문스럽다. 성경은 '마음으로 믿고 입으로 시인하여 구원에 이른다.'고 되어 있는데, 입으로 제대로 시인하지 않았기 때문이다. 눈에 보이는 입술의 고백도 없는데, 보이지 않는 마음의 믿음이 올바를 것인가 하는 의문도 생긴다.

그런데 다른 또 한 사람에게 똑같은 질문을 했다고 하자. 그 사람이 대답하기를 "네, 나는 천국에 들어갈 것을 확신합니다."라고 한다. 재차 확인하기 위하여, "어떻게 천국 들어갈 수 있는데요?" 하고 묻자, "나는 예수님을 나의 구주로 믿습니다. 예수님은 예수를 구주로 영접한 자에게 구원을 주신다고 약속하셨습니다. 나는 주님의 그 약속을 확신합니다."라고 답한다. 이런 사람이야말로 입으로 시인한 사람이다. 아마 이 사람은 반드시 천국에 들어갈 것이다.

> (롬 10:9) 네가 만일 네 입으로 예수를 주로 시인하며 또 하나님께서 그를 죽은 자 가운데서 살리신 것을 네 마음에 믿으면 구원을 받으리라 (10) 사람이 마음으로 믿어 의에 이르고 입으로 시인하여 구원에 이르느니라

> (고후 13:5) 너희는 믿음 안에 있는가 너희 자신을 시험하고 너희 자신을 확증하라 예수 그리스도께서 너희 안에 계신 줄을 너희가 스스로 알지 못하느냐 그렇지 않으면 너희는 버림 받은 자니라

로마서 10장 9-10절의 말씀은 구원의 기본 조건이 구주 되시는 예수님을 '마음으로 믿고 입으로 시인하는' 것이라고 명시하고 있다. 마음으로 믿을 뿐 아니라 입으로 시인하는 것도 매우 중요하다는 의미이다.

영혼의 중심을 보시는 하나님께서 최종 심판(판단)을 하시겠지만, 복음을 전하고 양육하는 주의 종의 입장에서는 실수를 하지 않기 위하여 어르신(성도)이 구원의 확신을 확실하게 가지고 있는지 잘 점검해야 한다. 나는 이 점검이 매우 중요하다고 생각

한다.

앞서 말했던 어떤 어르신은 3개월에 걸쳐서 여덟 번 반복하여 복음을 전하고 나서야 제대로 된 입술의 고백을 하셨다. 이런 일을 겪은 다음부터 나는 구원의 확신을 체크하는 것을 매우 중요하게 생각하게 되었다.

나는 지난 6년 동안 실버예배를 인도하면서 월 1회는 반드시 전체 회중을 대상으로 구원의 확신을 체크했다. 그런 다음에는 반드시 이어서 구원의 초청을 실시했다. 여기서 진행 방법을 간단하게 소개한다.

먼저 전체 눈을 감게 하고 진지하게 묻는다.

"어르신 여러분, 건강하고 장수하세요. 그런데 만약 어르신께서 오늘 돌아가신다면 천국 가실 수 있으세요? '내가 오늘 죽는다면 나는 천국 갈 수 있다.'고 생각하시는 분은 조용히 손을 들어 주세요."

그러면 전체 회중 가운데 구원의 확신이 있는 사람이 몇 명이나 되는지, 회중의 영적 상태는 어떠한지 대략 파악이 된다.

그 중에는 손을 들지 않는 사람이 반드시 있기 마련이다. 그러면 눈을 뜨게 하고 다시 복음을 전하고는, 구원의 초청을 실시한다. 이런 식으로 5년 정도 지속적으로 확인해 보았는데, 확실히 효과가 있었다. 이렇게 양육하는 것은 매우 중요한 일이다.

나이가 드신 어르신들은 청력, 시력, 이해력, 암기력 등이 많이 떨어진다. 그래서 한두 번 말씀을 들어서는 충분히, 바르게 이해하지 못하는 경우가 얼마든지 있다. 또 말씀을 들을 때는 바르게 이해했다 하더라도 시간이 흐르면 잊어버릴 수도 있다. 따라서 어르신들은 주기적으로 반복하여 복음을 전할 필요가 있다.

# 5_ 말씀 쪽지(실버 큐티)

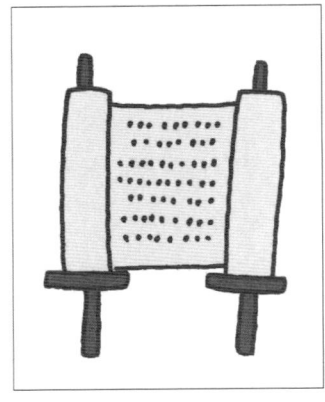

실버광야교회는 성전이 따로 없다. 그리고 참석하는 어르신들은 성경을 지참할 수도 없다. 성경 없이 예배를 어떻게 드리면 좋을까? 말씀 쪽지를 활용하면 된다.

지난 6년간 나는 성경 대신 말씀 쪽지를 나눠 주고 예배를 인도했다. 말씀 쪽지를 나눠 드리면 성경이 없어도 예배를 잘 드릴 수 있다.

말씀 쪽지는 그날 설교할 내용을 요약해 놓은 설교 요약지이다. 예배 전에 한 사람 앞에 한 장씩 나눠 준다. 어르신들은 성경 대신 말씀 쪽지를 보며 말씀도 같이 읽고 예배를 드린다. 그날의 본문 말씀과 설교 내용이 말씀 쪽지에 다 있으니 비록 성경을 보지 않아도 의사 전달이 다 된다.

예배가 끝나면 말씀 쪽지는 버리지 않고 집에 가지고 가서 일주일(다음 만나는 날까지) 동안 읽으며 묵상하도록 권한다. 주중에 집에서 읽어 보면서 말씀을 묵상하면, 이른바 실버큐티 용으로도 활용하게 되는 것이다. 이런 양육 방법은 상당히 효과가 있었다.

나는 매주 광고 시간마다 실버큐티를 하도록 권유했다.

"어르신 여러분, 지난 한 주간 지내시면서 하루 세 번, 아침에 한 번, 점심때에 한 번, 저녁에 한 번 이렇게 하루에 세 번씩 일주일 내내 이 말씀 쪽지를 읽으신 분 손 들어 보세요."

이렇게 매번 확인을 하면 어르신들이 매일 말씀을 읽어야 하는 줄 인식하기 시작한다. 나의 경우는 시행한 지 몇 달이 지나자 손을 드는 어르신들이 생기기 시작했다.

"네, 하루 세 번씩 일주일 내내 읽으셨다니 정말 고맙습니다. 어르신 여러분, 오늘 손드신 분들 정말 잘하셨지요? 우리 격려의 박수 한번 쳐 드리겠습니다." 하고 칭찬해 드리면 점점 그 숫자가 늘어난다.

"어르신 여러분, 이 말씀 쪽지를 일주일 내내 열심히 읽으신 분들은 이다음에 천국 갈 것 같아요? 지옥 갈 것 같아요?"라고 회중을 향하여 질문하면, 어르신들은 다같이 "천국!~"하고 대답하신다. "맞아요, 이렇게 열심히 하셨는데 하나님께서 외면하시겠어요? 하나님이 반드시 구원의 은혜를 주실 것입니다."하면서 다시 복음 전할 서두를 뗀다.

"그런데, 어르신 여러분! 일주일 내내 한 번도 안 읽으신 분은 이다음에 천국에 갈까요, 지옥 갈까요?" 하고 질문하면 어르신들은 놀랍게도 "지옥~" 하고 대답한다. "맞아요, 이런 분은 천국 가는 것에 별로 관심이 없는 사람으로 간주되어 이다음에 천국에 들어가지 못할 수도 있어요. 말씀 쪽지를 매일 읽는 것이 귀찮기는 하지만 그래도 천국에 들어가기 위해서는 읽어야 하지 않겠습니까?" 하고 권면한다. 이렇게 매주 귀에 딱지가 앉을 정도로 광고를 지속하면 많은 분들이 집에서 성경을 읽게 된다.

말씀 쪽지는 실버광야교회에서는 아주 유용하게 사용된다. 예배 때는 성경 대용으로, 집에서는 실버큐티로 활용하니 그야말로 일거양득의 매우 유용한 양육 도구가 된다.

# 6_ 기도 훈련

기도의 중요성은 재론할 필요가 없다. 특히 마지막 삶을 마감하는 순간에 기도하도록 하기 위해서는 기도 훈련이 매우 중요하다.

일반 성도도 마찬가지지만 특히 어르신들에게는, 기도가 성도의 특권이며 쉽다는 것을 먼저 가르쳐야 한다. 처음 만난 불신자 어르신에게도 10분 이내에 기도의 원리와 방법을 설명해 드릴 수 있어야 한다. 나는 어르신들에게 기도를 이렇게 설명한다.

"어르신 여러분! 우리 옆 사람과 인사하겠습니다. '오늘 참 좋은 날입니다.' 라고 인사해 보세요."

옆 사람하고 인사가 끝나면, "이제는 하나님께 말해 보겠습니다. '하나님, 오늘 좋은 날 주셔서 감사합니다.' 라고 말해 보세요."

어르신들은 옆 사람에게 했던 것처럼 쉽게 하나님께 이야기를 한다. 그때 이렇게 질문하는 것이다.

"옆 사람에게 말하는 것은 사람과 대화하는 것입니다. 그러면 이렇게 하나님께 말하는 것을 무엇이라고 하지요?" 그러면 눈치 빠른 분들은 벌써 알아듣고 대답한다. "기도!"

"네, 맞습니다. 하나님께 말하는 것을 '기도'라고 합니다. 기도란 하나님께 말하는 것입니다 하나님께 여쭙는 것입니다." 이어서 "기도가 쉬워요, 어려워요?"하고 질문하면 "쉬워요!"라고 대답한다.

"우리 한번 더 하나님께 기도(말)해 봐요. 한번 저를 따라해 보세요."하면서 기도를 따라하게 하면 어르신들은 쉽게 따라 한다.

"하나님, 저를 사랑해 주셔서 고맙습니다. 아멘!"
"하나님, 저를 사랑해 주셔서 고맙습니다. 아멘!"
"하나님, 저를 구원해 주셔서 감사합니다. 아멘!"
"하나님, 저를 구원해 주셔서 감사합니다. 아멘!"
"주님, 아프지 않고 건강하게 살게 해 주세요!"
"주님, 아프지 않고 건강하게 살게 해 주세요!"
"예수님 잘 믿고 꼭 천국 들어가게 해 주세요!"
"예수님 잘 믿고 꼭 천국 들어가게 해 주세요!"

이렇게 기도 연습까지 하고 나면 어르신들은 기도가 무엇인지 쉽게 이해하신다. 대략 10분이면 충분하게 기도를 가르칠 수 있는 것이다.

어르신의 기도 훈련은 삶을 마감하고 마지막 떠나실 때 기도할 수 있게 하는 게 목표이다. 마지막 순간에 기도하도록 이끌어야 한다.

사람마다 마지막 떠나는 모습이 다르다. 어떤 사람은 자다가 바로 떠나는 사람도 있지만, 대체적으로는 병석에 눕거나 쓰러져서 몇 시간, 며칠, 몇 달 동안 죽음과 삶의 경계에서 힘든 시간을 보내게 된다. 이렇게 죽음을 마주하고 있으면, 그 마음이 얼마나 두렵고 아쉽고 고통스러울까? 이때 주님을 전적으로 의지하며 기도하게 하는 것이 중요하다.

"사랑의 주님, 저에게 담대한 믿음을 주세요. 잠시 후면 천국에서 주님을 만나게 될 것을 믿습니다. 죽음에 대하여 두려워하지 않게 해 주세요. 육체적 고통을 잘 이기게 해 주세요. 오직 주님만 의지하오니 저를 천국으로 인도해 주세요. 최종 이기는 자가 되게 해 주세요. 예수 이름으로 기도합니다. 아멘."

이렇게 마지막 숨을 거두는 순간(천국에 들어가는 그 순간)까지 반복하여 기도하도록 훈련하여, 마지막 떠날 때 최종 승리자가 되도록 한다.

> (계 3:5) 이기는 자는 이와 같이 흰 옷을 입을 것이요 내가 그 이름을 생명책에서 결코 지우지 아니하고 그 이름을 내 아버지 앞과 그의 천사들 앞에서 시인하리라

(전 7:1) 좋은 이름이 좋은 기름보다 낫고 죽는 날이 출생하는 날보다 나으며 (2) 초상집에 가는 것이 잔칫집에 가는 것보다 나으니 모든 사람의 끝이 이와 같이 됨이라 산 자는 이것을 그의 마음에 둘지어다 (3) 슬픔이 웃음보다 나음은 얼굴에 근심하는 것이 마음에 유익하기 때문이니라 (4) 지혜자의 마음은 초상집에 있으되 우매한 자의 마음은 혼인집에 있느니라

(빌 2:12) 그러므로 나의 사랑하는 자들아 너희가 나 있을 때뿐 아니라 더욱 지금 나 없을 때에도 항상 복종하여 두렵고 떨림으로 너희 구원을 이루라

(요 11:25) 예수께서 이르시되 나는 부활이요 생명이니 나를 믿는 자는 죽어도 살겠고 (26) 무릇 살아서 나를 믿는 자는 영원히 죽지 아니하리니 이것을 네가 믿느냐

# 7_ 성경 공부

성경 공부는 어르신들에게도 필요하고 중요하다. 그래서 나는 약 6년 전(2011년도)에 실버용 성경 공부 교재를 만들어 지금까지 줄곧 사용하고 있다. 무엇보다도 시력이 안 좋은 어르신들이 쉽게 읽을 수 있도록 큰 글자로 제작하였다. 전국에 실버처치를 하고 있는 교회 중에서 이 교재를 사용하는 교회가 상당히 있다.

무엇보다도 교재가 간단명료하고 가르치기와 배우기가 쉽다. 한글만 알면 초등학생도 단 한 번의 공부로 다른 사람을 가르칠 수 있도록 되어 있어, 쉬운 것으로는 단연 으뜸이라 자신 있게 말할 수 있다.

교재는 총 3권으로 이루어져 있다. 제1권은 '출애굽'이며 '① 하나님 ②인간 ③구원'의 세 가지 테마를 다룬다. 제2권은 '광야'이며 '①예배 ②말씀 ③기도'의 세 가지 주제를 다룬다. 제3

권은 '가나안 정복' 으로 '①성령님 ②사탄 ③축복' 의 세 가지 주제를 다루고 있다.

이 교재는 가르치는 사람의 취향에 따라 선포식으로 가르칠 수도 있고 귀납법 식으로 가르칠 수도 있다. 맨투맨으로 가르칠 수도 있고 다수를 동시에 가르칠 수도 있다.

어르신 양육교재

# 성공적인
# 은퇴 후의
# 삶의 이야기

사랑의 빚
복음의 빛 갚으려 110세를 향해
순례길 걷는 내 인생 93년

# 박유생 목사 편

** 내가 살아온 길

1924년 1월 24일 경남 의령군 지정면 마산리에서 양조장 (술도가) 주인 박호용 씨의 유복자로 출생했습니다. 어머니가 임신 2개월에 아버지가 돌아가셨기 때문에 유생(遺生)이란 이름이 지어졌습니다. 유생이란 이름 때문인지 90년이 지난 오늘 이렇게 박유생이란 이름을 남기고 있습니다.

이름조차 의미를 주시는 하나님 섭리의 신비에 감탄할 뿐입니다.

30대에 과부가 되신 어머니 김성초는 죽은 자의 제사 문제와 재혼을 피하기 위해 나를 업고 마산교회를 찾아갔습니다. 그리고 당당히 예수 믿고 여집사가 되었습니다. 지금과 달리 그 시대에 그런 용기 있는 행동은 쉽지 않은데 어머니는 선각자처럼 용감히 생을 개척했습니다.

교회에서는 말씀에 충실히 응해, 가난한 과부와 유복자를 불쌍히 여겨 예배당 사택에 입주하게 하였습니다.

우리 예수님께서 **"내가 내 아버지 집에 있어야 될 줄을 알지 못하셨나이까"**(눅 2:49)라고 말씀하셨음같이 나도 성전에서 주야로 지내며 찬송과 기도, 그리고 말씀을 독경하였습니다.

교회교육으로는 유년 주일학교와 학생회를 졸업하고 신구약 성경통신과도 수료했으며, 신앙훈련으로는 박손혁(고려신학교) 교수에게 세례를 받고 당회장 박군현 목사께 트럼펫 나팔도 배우고, 담임 전도사 서성현 전도사께 순교자의 피땀과 순교 신앙을 배웠습니다. 서 전도사님은 일제 신사참배 반대로 순교하셨습니다.

지정 공립소학교를 졸업하고 사범학교를 거쳐 교사가 되는 것이 나의 꿈이었으나 돈이 없어 진학을 못하고 일본에 가서 4년제 중학을 주경야독하겠다고 어머니와 합의하였습니다. 돈을 빌리고 여권을 내어 기차를 타고 부산에 도착했으나 돈과 여권이 없어졌습니다. 아무리 생각해도 원인을 몰라 부산에서 초지일관 독학하기로 결심하고, 부둣가를 거닐 며 그곳에서 애절하게 기도했습니다. 구인광고가 난 곳이 있으면 들어가기로 마음먹었습니다. 마침 광복동에 구인광고가 있었습니다. 일본 여자가 주인이었는데 흔쾌히 받아주었습니다. 일하는 대로 월급을 주는 능력제였습니다. 이 또한 하나님 아버지께서 베푸신 특은이었습니다.

감사한 마음으로 중학교 4년제 검정시험용과 공무원 임용시험용인 보통문관 강의록으로 독학을 시작했습니다. 야간엔 YMCA에서 영어 공부를 했습니다. 이런 일들로 더 하나님을 신뢰하게 되었고 초지일관 기도로 살아가게 되었습니다.

하루는 우리 점포 맞은편 식당 아저씨가 부산지방경찰청 공무원 임용고시가 있으니 가보라고 하였습니다. 이력서를 정확히 써서 검찰청을 찾아가서 기무라는 서기장을 만났습니다. 그 서기장은 이력서와 나를 몇 번 보더니 바로 내일 오전 9시부터 출근하라는 기적 같은 말을 했습니다.

직장 가까운 곳에 셋방을 얻어 검찰 공무원으로 서무과에 출근했습니다. 그곳에서 5년을 근무하면서 사법고시준비를 하다 포기했습니다. 왜냐하면 신학을 공부하여 목사가 되기로 결심했기 때문입니다.

결국, 일본은 패망하여 여주인도 일본으로 돌아갔습니다. 미국에 망명 중인 이승만 장로님이 귀국하여 선언했습니다.

"대한민국의 얼은 하나님이시요 국시는 반공이다."

김구 주석 역시 귀국하여 말했습니다.

"경찰서 10곳 세우기보다 교회 한 곳 세우는 것이 유익하다."

그렇게 감격스럽게 합법적인 신생 대한민국 국회는 이시영 부통령의 기도로 시작되었습니다.


그러던 중 6.25 한국전쟁이 발발했습니다. 나도 예외 없이 '이 한 몸 죽어 나라가 산다면 또다시 태어나도 초개와 같이 이 목숨을 바치겠노라'는 군가를 부르면서 16연대에 끌려가 1박2일 기초훈련을 받고 신체검사를 받았습니다. 그런데 오른쪽 고막 파상이라며 불합격을 내렸습니다. 모두 전선에 나가 죽는데 나만 산다는 것이 양심에 편치 않아 결국 방위대에 자진 입대하여 중위로 제대했습니다.


그 후에, 공직 생활도 그만두고 취직하여 돈을 모아 교회가 하나도 없는 연지동에 전 재산을 들여 연지교회를 개척하면서 대한신학교(4년제 대학 인준-오늘의 대신대학교 신학과)에 입학하여 주경야독 4년을 다녀 졸업하고, 또 고려신학교 3년을 공부하여 졸업했습니다. 그 후 김해중앙교회에서 23년을 시무했습니다. 김해시 자문위원, 김해 경찰서 경목회장, 김해 노회 초대 노회장, CCC 고문, 부산 신망애 양로원 이사, 전임 부흥강사, 내무부 위촉 민방위 전임강사, 전군신자화운동 국방부 초청 동부 중부 서부 휴전선 강사, 고려신학원 실천신학강의 12년, 국내외 집회 600회(해외 24개 국), 고신총회 선교부장, 고신총회장 은퇴 후 1·2·3 복음교회 개척 등…, 이 모든 게 은혜입니다.

### ⁂ 은퇴 후에 생활 및 활동 현황

김해중앙교회를 23년 섬기다가 원로목사로 은퇴하고 은퇴 2년을 앞두고 기도원 집회 과로로 중풍과 암의 습격을 받았습니다. 대구 다코마 천주교 병원에서 말했습니다.

*"안심하세요. 중풍이 왔지만 정착을 못하고 지나갔습니다."*

부산 복음병원도 역시 같은 말을 했습니다. 희한한 진단이었습니다. 중풍이 왔지만 정착을 못한다는 말에 하나님의 역사하심을 깨달았습니다. 사실 일천 성도가 철야로 부르짖

었기 때문이었고, 아들딸, 손자, 교계 목사님들의 중보기도 덕이었습니다. 그리고 나 역시 금식하며 '주여 살려 주시면 교회를 서너 곳 개척하겠노라'고 눈물로 서원했습니다.

나의 한평생을 기도 응답해 주신 하나님 아버지께서 기뻐하시며 중풍은 3일 만에 회복이 되었고, 전립선암은 10일 만에 완치되었습니다.

서원은 필히 이행하여야 하기 때문에 70세에 은퇴하여 곧바로 개척했습니다. 이제 90세가 되도록 20여 년 제3 복음교회를 섬기고 있습니다.

'입 빈곤'이라는 말처럼 입은 가난할수록 좋습니다. 야식을 안 하며 매일 걷기를 5,000보 하며 건강을 유지하고 있습니다.

**\*\* 은퇴를 앞둔 목회자나 은퇴를 하신 목회자에게 드리는 말씀**

① 목사는 항존직이기 때문에 숨질 때까지 목사로 살아야 합니다. 나는 새벽기도회 때 늘 찬송을 부르면서 마칩니다.

**"내 일생 소원은 늘 찬송, 기도, 전도 개척하면서 주께로 더 나가기 원합니다."**

② 돈으로 할 수 없고 힘으로도 할 수 없고 오직 성령으로 소명과 사명으로 가능합니다.

**"오직 성령이 너희에게 임하시면 너희가 권능을 받고 예루살렘과 온 유대와 사마리아와 땅끝까지 이르러 내 증인이 되리라"** (행1:8)

③ 한 영혼의 가치가 천하보다 귀함을 알게 되었습니다. 그리고 전도 잘 안 되고 교인 수가 적다고 낙심하지 않습니다.

**"나를 사랑하고 내 계명을 지키는 자에게는 천대까지 은혜를 베푸느니라"**(출20:6)

결론적으로 이렇게 하나님께서 과부 김성초 집사와 유복자 박유생 모자지간을 통하여 90여 년 동안 주신 축복은 이렇습니다.

죄인 괴수 이종에게 3대째 친손자, 외손자 증손까지 60여 명 중 목사 6명, 선교사 1명, 장로 3명, 장립 집사 3명, 권사 3명, 여전도사 2명 등 대가족을 이루게 하셨습니다.

자녀들은 모두 문화주택에서 자가용 타며 물질적으로 잘 살고 있습니다. 나는 아직 2천만 원 보증금에 50만 원 주면서 살고 있지만 부자입니다. 하나님이 내 아버지요, 자녀들이 잘 믿고 잘 사니 부요한 자입니다.

"하나님, 왜 이 죄인을 90세가 넘도록 장수케 하십니까?"
라며 자주 묻습니다. 그러면 주님은 복음의 빚을 갚으라 하
십니다. 그리고 사랑의 빚을 갚으라고 하십니다. 그래서 생각
합니다. 복음의 빚, 사랑의 빚 다 갚으려면 적어도 여호수아
처럼 110세는 살아야 한다고 나는 날마다 암송하며 기도합
니다.

"너희는 마음에 근심하지 말라. 하나님을 믿으니 또 나를 믿
으라"(요 14:1)
"너희가 내 이름으로 무엇을 구하든지 내가 행하리니 이는 아
버지로 하여금 아들로 말미암아 영광을 받으시게 하려 함이라"
(요 14:13)

그리고 이렇게 고백합니다.
"여호와께서 주신 모든 은혜를 무엇으로 보답할고! 내가 구
원의 잔을 들고 여호와의 이름을 부르며 여호와의 모든 백성 앞
에서 나의 서원을 여호와께 갚으리로다"(시116:12~14)

# 정판술 목사 편

살아도 은퇴 목회자 소명(召命)에 살고 죽어도 소명(召命)에 삽니다.

## ❊ 내가 살아온 길

나는 경남 거창에서 태어났습니다. 농촌 출신이고 학교조차 거창농림전수학교를 나왔습니다.

나의 가정은 대대로 독실한 불교 가정이었고, 사신 우상을 유별나게 많이 섬긴 가정이었습니다. 내가 4대 독자이기 때문에 어릴 때에 명(命)도 길고 복이 많으라고 어른들이 나를 삼봉산 절간에 가서 팔았습니다.

나를 팔아놓고 이름을 촌스럽게 '판술'이라고 지었습니다. '판술'도 촌스러운데 한번은 주보를 인쇄하는 이의 실수로 '판술' 두 활자를 바꿔 끼워 '술판'이 되어 보는 이들이 크게 웃은 적도 있습니다.

우리 가정이 예수를 믿게 된 것은 고 주남선 목사님이 시무하는 거창교회 전도대가 우리 동네에 와서 전도할 때, 아버지께서 들으시고 사신 우상 섬겨봐야 아무 소용없겠다 싶어 예수를 믿기로 결심했기 때문이었습니다.

내가 목회자의 길을 가게 된 동기는 고 주남선 목사님의 덕분입니다. 주 목사님의 권유로 고려고등성경학교에 입학했고 성경학교를 마친 후 고려신학교에 입학하여 제15회로 졸업하고 목사가 되었습니다.

내가 목사가 된 후 거쳐 지나온 교회 중 보람이 있는 두 교회가 기장 교회와 사직동 교회입니다. 이유는 이 두 교회 모두 내가 부임하자 곧 급성장했기 때문입니다.

기장 교회는 그 당시 면 소재지이지만 내가 부임한 후 곧 주일 낮 예배를 2부로 두 번 모였고, 그리고도 자리가 협소하여 새 교회당을 건축할 수밖에 없었습니다.

사직동 교회 역시 내가 부임하자 곧 급성장하여 교회당을 확장 개축하였고, 그리고도 자리가 협소하여 예배를 2부로 또 3부로, 다시 4부로 모였습니다. 내가 은퇴할 때까지는 고신 교단 중에서는 부산에서 교인이 가장 많이 모이는 교회가 되었습니다.

## ** 은퇴 후 생활 및 활동현황

나는 1997년 12월에 정년이 되어 은퇴했습니다. 은퇴한 후엔 주일에는 초빙하는 교회에 가서 설교하고 주중에는 총신 부산 캠퍼스 등 신학교에서 강의합니다. 또 매주 한 번씩 한국기독신문에 칼럼을 게재하고 있습니다.

설교 사역은 현역으로 시무할 때는 매번 새로운 설교를 준비해야 하기 때문에 무척 힘들었지만, 은퇴한 후에는 원고는 얼마든지 있는 것이고 어디서든 청하면 가기만 하면 됩니다.

그래서 같은 날에 세 곳에 갈지라도 힘이 들지 않습니다. 어떤 날엔 바쁘게 이곳저곳 다니면서 "이건 은퇴가 아니고 금퇴다." 이런 생각을 해보기도 합니다.

나는 은퇴하면서 은퇴를 '끝'이라고 생각하지 않고 '또 다른 시작'이라고 생각합니다. 그래서 새로운 시작을 위해 은퇴하는 그해에 부랴부랴 운전교육을 받고 면허증을 땄습니다.

은퇴 때까지 하지 않았던 컴퓨터를 은퇴한 후에 배우기 시작했습니다. 그리고 현역으로 있을 때에는 관심은 있었으나 못했던 사진촬영을 하고 싶어 사진교실에 나갔습니다. 기초지식을 습득하고 지금은 취미활동으로 사진을 촬영하고 있습니다.

** 은퇴는 새로운 시작(은퇴 앞둔 목회자, 현 은퇴 목회자에게)

실제로 은퇴를 경험해 보니 은퇴는 또 하나의 새로운 출발이지 결코 끝이 아닙니다. 나는 목사, 장로의 은퇴식에서 설교할 때면

**"은퇴가 종착역이냐 아니다. 은퇴는 환승역이다."**

이렇게 소리칩니다.

영어로 은퇴가 're-tire'. 're'는 '다시, 새로' 이런 뜻이니 은퇴는 먼 곳으로 다시 달리기 위해 바퀴를 다시 새것으로 바꿔 끼우는 것입니다. 나이도 요즘엔 70세면 아직 청년입니다. 나는 은퇴식에서 설교하게 되면

**"지금 은퇴해도 겨우 70 아닌가"**라고 소리칩니다.

실제로 '일생칠십고래희(人生七十古來稀)'란 말은 60세까

지도 살기 어려운 때에 했던 말입니다. 1960년대까지만 해도 평균수명이 52세였습니다. 그래서 60세까지만 살면 장수했다고 수연(회갑연)을 베풀고 온 동네가 모여 잔치를 했습니다.

요즘엔 누가 회갑을 한다 하면 사람들이 축하는커녕 '꼴 갑하네' 하며 웃습니다. 요즘은 칠순 잔치 하는 이도 적고 팔순 잔치를 하는 형편입니다.


그러므로 목회자들도 은퇴를 모든 것의 끝이라 생각지 말고 형태가 조금 다른 새로운 출발이라고 생각해야 합니다.

실제로 은퇴는 새로운 출발입니다. 그래서 나는 은퇴를 앞두고 있는 이들과 이미 은퇴한 이들에게 하고 싶은 말이 있습니다. 비록 몸은 노쇠할지라도 정신적으로는 젊어야 한다는 것입니다.

시편 92편에 보면 '의인(성도, 그리스도인)은 늙어도 종려나무처럼 여전히 결실이 있어야 하고 진액이 풍족하고 빛이 청청해야 한다'고 했습니다.

그리스도인도 노쇠하는 건 어쩔 수 없습니다. 그러나 정신마저 늙으면 안 됩니다. 그리스도인은 늙어도 종려나무처럼 여전히 결실이 있어야 하고 젊은이 못지않은 의욕이 있어야 합니다.

모세는 나이 80에 동족을 영도하는 엄청난 사역을 위해 새출발을 했고, 갈렙은 나이 85세에 '저 산지를 내게 주소서' 하는 열정이 있었습니다. 정신적으로는 모두 청년이었습니다.

실제로 통계를 보면 역사상 놀라운 업적의 35%는 60대가 이루었고 23%는 70대, 6%는 80대가 성취했다 합니다.

그런데도 아직 그리스도인 중에도 어떤 이들은 70세만 넘어도 "그럭저럭 살다가 가야지" 하면서 세월만 보내려고 합니다. 새로운 도전은 안중에 없습니다. 그러나 주변에 보면 불신자 중에도 어떤 이들은 80이 넘어도 뭐든 의욕적으로 하려 합니다. 이런 이들은 그리스도인들을 부끄럽게 만듭니다. 진짜 그리스도인이야말로 종려나무처럼 늙어도 여전히 결실이 있어야 합니다.

칠·팔십 가지고 늙었다고 생각하면 안 됩니다. 지금은 100세 시대입니다.

솔직히 나는 지금 나이가 89세이지만 내가 늙었다는 생각을 한 적이 없습니다. 교회 안에서 사오십대 집사들을 보면 그들이 내 나이 또래처럼 보이고 60이 넘은 사람은 나보다 손윗사람처럼 보입니다. 나는 의복도 젊은 사람들이 선호하는 캐쥬얼 웨어로 입습니다.

이렇게 젊은 마음으로 전혀 내가 연로하다는 생각이 없는데 간혹 내가 강사로 가면 어떤 이는 나를 소개하면서

**"오늘은 은퇴하신 연로하신 목사님이 오셨습니다. 이 연로하신 목사님이 손수 차를 몰고 오셨습니다."**

라며 잠시 소개하면서 무려 '연로'란 말을 두 번 세 번 합니다.

그때마다 속으로 '이런 이런~연로 좋아하시네, 내가 연로해서 뭘 못하냐? 사회를 못 보냐, 설교를 못 하냐? 또 한 번만 더 그래 봐라.' 하며 혼자 빙그레 웃곤 합니다.

나는 내가 늙었다고 생각하지 않는 것이 성경적이라고 생각합니다. 시편 110편에 보면 그리스도인의 별칭이 '청년'입니다.

**"주의 권능의 날에 주의 백성이 거룩한 옷을 입고 즐거이 헌신하니 새벽이슬 같은 주의 청년들이 나오는도다"**(시110:3)

그럼에도 그리스도인 중에는 두 종류의 사람이 있습니다.

'젊은 늙은이'가 있는가 하면 '늙은 젊은이'가 있습니다. 나이가 많아도 정신적으로 젊으면 그는 늙은이가 아닙니다. 젊은이입니다. 반면 나이가 젊어도 정신적으로 늙어 버린 이는 젊은이가 아니고 늙은이입니다.

그 때문에 교회 안에 사오십 대 노인도 있고, 칠팔십 대 청년도 있습니다. 그러므로 그리스도인은 '청년'이란 별칭에 걸맞게 노년이 되어도 정신적으로는 언제까지나 젊어야 합니다. "나는 이제 나이가 많아서…" 이렇게 생각하지 말고 "내 나이가 어때서…." 이렇게 생각하며 당당하게 살아가야 합니다.

실제로 노년에도 마치 청년처럼 살아가는 이가 한둘이 아닙니다. 예를 들면 자교 감리교회 강순용 장로는 81세에 그림공부를 시작하여 91세에 그림 전시회를 열었고, 그는 지금도 나이를 잊고 그림에 몰두하고 있습니다. 미국의 리브만도 81세에 그림을 시작하여 100세가 넘도록 그림을 그렸습니다. 그리고 101세에 스무 두 번째의 전시회를 가졌습니다.

조선일보에 게재된 권춘식 씨는 87세에 방송통신대학을 졸업했고 그의 꿈은 대학원을 마치는 것이라 합니다. 또 KBS 〈아침마당〉에 출연한 백 세의 박기천 씨는 작년 99세에 운전면허를 취득했다 합니다.

그뿐 아니라 인터넷에 보니 미국을 주름잡는 80대 노익장들이 나오는데 요지는 '나이는 껍데기에 불과하다. 의욕만 있으면 60대, 70대에 시작하라. 그리고 80대에 빛을 발하라.'입니다.

무엇이든 못하는 것은 나이가 많아서가 아니라 이젠 나이가 많아서 못한다는 생각 때문입니다.


끝으로 꼭 한 마디 하고픈 말은 노년에 자기관리를 잘해서 노인대접 말고 어르신 대접을 받도록 노력해야 한다는 것입니다.

'노인' 다르고 '어르신' 다릅니다. 노인은 누구나 되고 저절로 됩니다. 그러나 어르신은 저절로 되지 않습니다. 어르신 대접은 어떤 이가 받게 됩니까. 존경받는 이만이 어르신 대접을 받게 됩니다.

그런데 매우 안타까운 것은 노인 인구는 날로 증가하는데 어르신 인구는 갈수록 줄어든다는 점입니다. 이러한 때에 그리스도인만이라도 노년에 모두 어르신 대접을 받는 사람이 되어야 하지 않겠습니까.

**은퇴 목회자는 이 시대의 '마라의 한 나무'입니다.**

우리의 인생이 마치 '마라의 쓴 물'(출15:23)과 같을 때가
많습니다. 노력하고 마침내 성공을 거두었지만, 막상 맛을 보
니 쓴 물이었습니다.

그러나 십자가 은혜를 체험하고 고난을 통과한 삶은 '마
라의 한 나무'(출15:25)를 발견하게 되고 마침내 인생의 쓴 물
은 단물로 바뀝니다.

그 드물고 정하다는 매나무와 같은
산상수훈의 삶을 사는

# 김종석 목사 편

.*. 내가 살아온 길

출생: 1928년 경남 사천시에서 태어났다.

학력: 1967년 고려신학교 졸업(제22회)

안수: 1970년 목사 안수(진주노회)

경력: 1991년 중부산 노회장

　　　1992년 양산교회 시무 은퇴(원로목사)

　　　1994년 남미 선교사(양산교회 파송)

　　　1972~1992년 양산경찰서 경목 위원장

　　　1973~1977년 군종관향목 위원장

　　　1982~양산군 정화추진위원회 위원

　　　1982~현재 무궁애학원 이사

수상(賞): 1957년 인헌 무궁화 훈장(참모총장 정래혁)

　　　1988년 올림픽기장(중앙의장 남덕우)

1974년 감사장(육군소장 오윤영)

1977년 감사장(내무부 치안총감 김성주)

1987년 표창장(중앙사회 정화위원장 정도영)

2002년 참전용사(대통령 김대중)

2008년 국가유공자(대통령 이명박)

## ** 은퇴 전 은퇴 준비

① 나는 건강이 늘 좋지 않았다. 위가 약해 소화제를 먹어야 했다. 따로 운동하는 것도 없었다. 있다면 심방하며 걷는 것이다.

② 경제 역시 넉넉하지 못했다. 은퇴 적금 전부를 개척교회에 헌금했다. 사택은 교회에서 마련해 주었다. 그리고 매월 생활비를 보내준다.

③ 복된 죽음 준비로는 장기기증(안구기증, 시신기증)을 했기에 달리 준비할 것이 없다.

## ** 은퇴 후 생활 및 활동 현황

은퇴하자마자 양산에서 부산으로 이사했다. 그리고 곧 교회 파송으로 남미(브라질, 파라과이)로 선교사를 돕는 사역을 위해 떠났다.

그러나 5개월 만에 아내의 질병으로 인해 귀국했다. 그리고 C국으로 사역을 바꾸어 간헐적으로 내왕하며 지금까지 선교를 하고 있다.

국내에 있을 때에는 시장이나 지하철 내에서 전도지를 건네며 전도를 한다. 전도지를 버리는 것이 십중팔구이기에 어떻게 하면 전도지를 사람들이 버리지 않고 볼까를 고민하며 기도하던 중에 좋은 생각이 떠올랐다.

자신들이 필요하면 집에까지 가져가 볼 것이라는 점에 착안해 첫 번째는 다이어트에 관한 전도지를 만들었다. 두 번째는 현재 중국에서 쓰고 있는 간체자 약 600자로 된 전도지를, 세 번째는 촌수를 따지는 계촌법 일람표로 전도지를 만들었다. 예상대로 버리지 않고 반응이 좋았다. 어떤 이들은 더 달라고 했다. 수십 장을 더 달라고 하기도 했다.

말로만 전할 때보다 전도지를 전하니 읽어 보고 좋다며

고맙다는 인사도 받았다. 혼자만 하기보다 각 교회에 소개하는 것이 좋겠다 싶어 1,700여 교회에 편지를 보냈다. 많은 교회가 호응을 했다. 자신의 교회에 원하는 내용을 한 면에 바꿔서 수천 장에서 수만 장까지 인쇄해 갔다.

농어촌교회는 4,000장 이하 수백 장까지 무료로 보냈다. 지금도 계속 보낸다. 그리고 또 전화로 직접 찾아가서 전도지를 소개하며 사용하도록 하니 호응도가 좋다.

또한 전도지를 돌리다 보면 뜻밖의 할 일이 생기곤 한다.

실례로, 전국 유림회 회장을 지내고, 믿기 전까지 그 유림회의 고문, 김해지역 공 씨 종친회 회장으로 공자(孔子) 79대손이며 당년 87세인 어른을 2011년에 만나서 지금까지 거의 일주일에 한 번 정도로 부산에서 김해시로 찾아가서 복음을 전하고 성경공부도 하였다. 그러자 그 어른이 작년에는 유림회 고문직과 김해지역 종친회 회장직을 사임하고 세례를 받은 일도 있다. 또 시간 나는 대로 책을 읽거나 책을 엮기도 해보고, 신앙 간증을 담은 노래도 만들어 보았으며, 장 및 성경 장절 외기 등을 하고 있는데 제대로 해놓은 것은 별로 없다.

그러나 이런 시간을 보내다 보니 은퇴의 허전함이나 아내를 먼저 보낸 고독감이 들 시간이 없다.

그리고 주일과 수요일 예배는 초교파적으로 모이는 은목교회에 출석했고, 대인관계를 위해 초교파적 목사들이 모이는 원로회관에서 월요일은 친교회로, 화요일은 기도회로, 목요일은 성경연구회로 모이는데, 운영은 독지가들의 후원금으로 하면서 은퇴 목사들에게는 없어서는 안 될 장소가 되고 있다. 그러나 널리 알려지지 않아서 후원금 부족으로 운영상 어려움은 있다. 하지만 모이는 목사들은 이곳에 와서 회포를 풀곤 한다.

**\*\* 은퇴를 앞둔 목회자들에게 필요한 권면의 말씀**

1. 은퇴적금, 교단 은급부, 국민연금 등은 들어 놓는 것도 좋을 것 같다(가능하면) 사실 농어촌교회 80~90%가 자립을 못 하는 실정에서 노후준비, 은퇴준비를 논하는 것이 사치스러운 말로 들리기도 한다.

2. 교회 재정이 넉넉하든 그렇지 못하든 간에 은퇴금을 더 많이 받으려 줄다리기를 하지 않는 것이 좋다. 그 이유는 이

렇다.

① 지금까지 쌓아온 목사에 대한 존경의 의미가 자칫하면 물질에 대한 탐욕의 목사로 비치기 쉽고, 지금까지 거짓 설교한 자로 인격이 완전히 땅바닥으로 곤두박질하기 쉽다. 그리고 이 소문은 사방팔방으로 순식간에 퍼지고, 그 불명예는 그 교회에 오래오래 남는다. 돈 몇 푼 더 받고 이런 불명예를 얻는 것은 어리석다 하겠다.

필자가 아는 어떤 교회들은 은퇴금 문제로 교회와 의절을 하고 지내는가 하면 어떤 교회는 근 20년을 시무했던 목사를 성(性)을 부르는 것조차 듣기 싫다 하는데 정작 본인은 모르고 있었다. 또 어떤 목사는 몇 억 원만 주면 조기 은퇴하겠다는 말까지 했다니(이미 歸天함) 그 말을 듣는 순간부터 교인들은 설교에 은혜를 받지 못했을 것이다.

② 천국의 상급을 잃게 된다.

부자로 살고 싶고 물질적인 욕심이 있으면 목회의 길로 나와서는 안 된다. 이미 교역자가 된 이상 교역자의 합당한 길로 가야 한다. 주님 위해 주님 때문에 가난으로 어려움을 당한다면 오히려 하늘의 상이 있을 것이다.

필자가 잘 아는 목사들 중에 어떤 분은 줄다리기를 해서 승리했으나 1개월 후에 소천하였고, 또 다른 분은 자신은 물론이고 아내까지 경제적으로 걱정 없이 준비해 두었다는 이야기를 직접 들었는데 얼마 후 이 역시 소천하였다. 그 돈들은 다른 곳으로 처리되었다. 결과는 이미지만 나쁘게 남고 천국의 상급도 상실하고 만다.

③ 하나님께서 책임져 주신다.

물론 사람이 준비할 일을 하지 말라는 말이 아니다. 다만 하나님이 기뻐하시지 않을 방법으로 무리하게 노후준비를 하는 것은 불신앙이다.

**.** 현재 은퇴하신 목회자들에게 하고 싶은 말

은퇴란 교회의 유익을 위해서 만든 제도이다. 교회 담임 시무를 퇴임한 것뿐이라 일을 중지해서는 안 된다.

우리 주님이 "죽도록 충성하라"고 말씀하셨기 때문이다.

그럼 무슨 일을 한단 말인가?

이를테면 문서 전도, 구두 전도, 방문 전도, 해외 선교사 돕는 일 등. 무슨 일이든 주님을 위한 일 말이다. 일이 안 보이면 찾아야 한다. 찾으면 하나님께서 할 일을 보여 주신다. 우리 주변에 우리의 할 일이 많이 있다.

은퇴 목사가 귀천할 때까지 건강히 사는 것이 큰 복이다. 그러므로 취미활동, 운동, 건강을 위한 음식 주의, 약물치료, 의사진단을 자주 받는 것이 좋다. 그러나 만일 목사가 건강에만 신경을 쓰고 주님의 일을 안 한다면 성령님을 근심케 한다.

주님 기뻐하실 일 하지 않으면서 자기 정당화로 핑계를 내세운다면 칭찬이나 상급은 결코 받을 수 없을 것이다.


또 속히 처리해야 할 것 중에 하나가 재산 문제다. '교역자야 무소유니 사후에 자녀들이 상속문제로 다툴 일은 없을 것이다'라는 생각은 오해일 수 있다.

목사 중에는 간혹 부모로부터 받은 부동산이 많은 사람도 있다.

오늘이라도 당장 헐값에라도 팔아서 자녀들에게는 정의만 표하고 나머지 전부는 주님 일하는 데 쓰는 것이 좋다.

매매가 불가능한 것은 지분 상으로도 하나님께 드린다.

자녀들에게 주고 싶은 지분은 사법서사를 통한 공증증서에 의한 유언을 남기는 게 좋다.

내일로 미루는 것은 이미 늦는 경우가 있다. 필자가 잘 아는 몇 분도 차일피일 미루다가 소유권 행사도 못 해보고 귀천했다. 결국, 남은 재산은 자녀들의 불화의 씨앗만 되었다.

재산상속 유언엔 ① 자필증서에 의한 유언 ② 녹음에 의한 유언 ③ 비밀증서에 의한 유언 ⑤ 구수증서에 의한 유언 ⑥ 공증증서에 의한 유언이 있다.

피상속인 중 일인만 법대로 하자고 하면 공증증서에 의한 유언 외에 4가지 유언의 효력 확률은 1%도 없다. 유언은 추리해석을 못하므로 한 자만 틀려도 안 되는데 유언을 법에 맞도록 할 수 없기 때문이다. 또 유언해 놓아도 유류분이란 것을 50% 제해야 하는 등 복잡한 것이니 의식 있을 때 나눠 줄 것 주고 전부 주님 일에 쓰고 가는 것이 제일 좋은 일이다.

시간·재능·권세·물질 등은 다 이 세상 사는 동안 일 많이 하고 오라고 하나님께서 주신 도구이다. 이 도구를 저장해

두고 안 쓰거나 잘못 쓰면 천국에서 칭찬도 못 받을 것이다.

큰 재산이 아니고 몇억 몇천만 원짜리 주택도 재산이니 은행에 맡기고 매월 얼마씩 찾아서 주님 일도 하면서 다 쓰고 귀천하는 것이 좋겠다. 집 한 칸이라도 남으면 착한 자녀들이 마귀의 도구가 될 수도 있다.


자녀가 한집에 함께 살기를 간곡히 원하면(홀로 된 경우) 응하는 것도 괜찮다. 그러나 자신의 몸이 불편해지기 시작할 때는 즉시 요양병원으로 가는 것이 좋다. 그 이유는

① 자녀들에게 궂은 모습 보이기 싫고

② 긴 병에 효자 없기 때문이고

③ 요양병원 종사자들은 봉사 정신으로 일하는 사람들이거나 혹은 그들의 직장이니 미안한 마음이 적다.

④ 입원할 병이면 환자 자신도 자녀도 치료하겠다며 큰 병원을 선호하지만, 자칫 큰 빚만 남게 된다.

보통의 병은 요양병원에서도 치료하여 퇴원하면 된다. 그러나 특별한 병은 전문병원으로 가서 치료한다.


필자가 20개월 동안 요양병원에서 지내면서 본 이야기다.

76세인 할머니가 일반 병원에서 2년 2개월 입원하였다가

사망했는데 병원비가 무려 1억 9천만 원이나 되었다.

또 이경숙이란 할머니는 남편을 일반 병원에 입원시켰다가 매달 4백에서 5백만 원까지 내야 하는 바람에 결국 요양병원으로 옮겼다. 이 할머니는 다이아몬드 반지를 낀 부유한 할머니임에도 불구하고 자신도 나중에 요양병원에서 세상을 마칠 것이라고 했다.

만일 혼자 거하는 생활을 하게 될 경우엔 일주일에 한 번씩 전화를 걸어 줄 사람을 만들어 놓는 것이 좋다. 그러나 자녀와 함께 살 경우엔 유언장(이 글을 읽는 즉시 나를 ○○병원에 입원시켜라. 이 유언을 안 지키면 불효다)을 써서 봉투 안에 넣고 겉봉에 '내가 많이 아프거나 불편할 때 개봉해라. 이 봉투 속에 있는 것은 내 몸에 대한 부탁이고 다른 말은 없다'고 쓴 뒤에 자녀들에게 한 통씩 주면 된다.

요양병원에 있으면 아무도 모르게 죽지 않는다.

필자의 친척뻘 되는 목사가 주일에 보이지 않아 전화를 걸어 보니 받지를 않았다. 자녀한테 가보라고 하니 아무도 없이 홀로 소천했다.

또 C 목사란 이도 친구가 전화를 받지 않아 그의 아들에게 연락하여 가 보니 한 달 전에 소천했다 한다.

2013년, 11월 8일 자 조선일보에 의하면 부산 초읍에 살 았던 김 할머니는 셋방에서 무려 5년 만에 해골로 발견되었 다 한다. 적어도 요양병원에서 소천하는 분들은 이와 같은 죽음은 당하지 않는다.

복지와 복음의
두 날개를 펼치는

# 고치환 목사 편

## \*\* 내가 살아온 길

생애: 1938년 일본 오오사까시(大阪) 출생, 1945년 제주
도 조천읍 신촌리 정착, 1951년부터 신촌교회 다님. 1955년
11월 27일에 세례

학력: 장신대 졸업, 일본 고베 개혁파 신학교 특별연구과
정 수료, 제주관광대 사회복지과 졸업, 제주대 법정 행정학
졸업, 한일장신대 사회복지대학원 졸업, 한일장신대 사회복
지대학원 박사학위 취득

신력: 평안교회, 평안전문요양원, 평안어린이집, 평안재가
노인복지센터, 경천전문요양원, 경천재가노인복지센터 설립,
평안교회 은퇴, 공로목사 추대, 제주노회(통합) 공로목사, 그

외 생략

수상: 보건복지부장관상 2회, 제주도지사상, 서귀포시장
상 2회, 예장총회장상, 그 외 생략

## ✱✱ 가정 이야기

저의 가정을 소개하려면 우선 저의 아내(김명숙/1946년
생)의 이야기를 하지 않을 수 없다. 저의 아내는 제주 4·3사
건으로 아버지와 삼촌 두 명이 함께 억울하게 희생당했다.
그리고 어머니는 다섯 살 때 재혼했다. 그렇게 하여 할머니
품에서 어렵게 성장하여 초등학교까지 학교를 다녔다.

그러다 1965년, 저를 만나 결혼했지만, 능력 없는 저로 말
미암아 더 험악한 삶을 살아야만 했다. 1960년대, 1970년대
는 어려운 시대였다. 따라서 저는 어려운 목회 생활을 하게
되었다. 의식주를 해결하지 못할 형편이었다.

그러나 저의 아내는 한 번도 원망이나 불평이나 후회하거
나 하지 않았다. 옷의 경우만 해도 살 형편이 안 되니 언제
나 헌 옷을 해체하여 새롭게 재생하여 입었다. 그 당시의 천
은 질이 아주 좋지 않아 색도 잘 바래고 헤지기도 잘했다. 아

내는 상의의 천을 사용해 하의가 헤진 곳에 덧대고 뒤집기도 하고 이것저것 수선하여 옷을 만들어 주었다.

교회에서는 사모로서 어떤 형편에서든지 나서지 않았고 교인들 회중 속에서 겸손히 남에게 보이지 않도록 청소나 식사 등에 봉사하였다. 목회하는 남편에게 불평하거나 불만을 갖는 교인이 있으면 사랑으로 대해 주었다.

월요일(결석가정, 병든 가정 방문)과 금요일(정기방문)에는 성도의 집을 방문하였다. 그때는 차가 없던 때라 아기를 업고 하루 종일 걸어서 다니기도 했다.

때론 장로님들이 사택에 방문하거나 당회로 모일 때면 장로님들 모르게 흙 묻은 신발을 깨끗이 닦아 귀가하도록 하였다.

성찬 때는 사모로서 손수 담근 포도주와 떡을 정성으로 마련하여 성찬식을 거행하였다. 교인들이, 특히 청년들이 사택을 방문하면 대접하기를 즐겨 했다.

이력과 경력을 통하여 내가 살아온 길을 단면으로 보여 주고 있다. 하나님의 주권적인 손길로 복지 목회의 길을 걷게 하셨다.

초기 목회가 시작 초기 당시에는 한국교회나 제주 교계가 복지의 '복'자로 모르는 시대였으므로 많은 사람들이 무관심한 정도가 지나쳐서 목사가 일반 목회를 해야지 그런 복지를 한다고 많은 사람으로부터 비난을 받았다.

그런데도 성경에 나오는 예수님의 사역을 본받아서 묵묵히 이 길을 걸어오면서 많은 사람의 인식이 조금씩 바뀌기도 하여 지금에 와서는 많은 교회가 복지 사역에 관심을 갖고 참예하게 되었다.

## ** 실버 목회 제주 교회가 모델
## 평안요양원 제주 지역 교회들 '노인복지' 활발

제주 지역 교회들에 사회복지사업을 확산시킨 전도사로 평가받는 고치환 목사(평안교회·평안전문요양원장)는 교회가 사회복지 사업에 적극 참여해야 할 이유를 이렇게 강조한다.

"교회는 더 이상 복지사업에 머뭇거려려서는 안 된다. 교회가 사회복지 사업을 하는 것은 지역사회를 살리는 것과 동시에 교인과 교회를 살리는 일이다. 우리 사회의 고령화 현상은

시간이 지날수록 지속되거나 심화될 것이 확실하고 정부의
사회복지 정책도 강화될 것이기 때문이다."

## ** 평안전문요양원과 평안교회

제주지역 교회들이 노인복지, 실버 목회에 큰 관심을 갖
게 된 것은 10년 전 고치환 목사가 평안노인요양원을 시작하
면서부터이다. 고 목사는 1997년 평안교회를 개척하면서 노
인전문요양원을 함께 시작해 요양원과 교회가 함께 '윈-윈'하
게 만들었다.
한편으로 목회자로 또 한편으로는 사회복지사업가로 '두
마리 토끼'를 잡은 것으로 평가받는다.

하지만 고 목사에게 '윈윈'이나 '두 마리 토끼' 따위의 수식
어는 중요하지 않다. '사회복지는 하나님의 일이고 하나님의
일에 목사로서 어떻게 최선을 다하지 않을 수 있겠느냐'는 답
변만 남는다.
'선교와 구제는 새의 양 날개이며 동전의 양면이고 수레의
두 바퀴와 같습니다.'라고 목사는 '노인전문요양원이든 가정봉
사원 파견 사업이든 거의 모든 사회복지사업에서 농촌 교회

가 유리하다.'고 강조하고 '빨리 시작해야 한다.'고 촉구했다.

　제주에서 처음 노인전문요양원을 시작해 성공한 고치환 목사는 지난 2006년 4월 실버생활시설인 경천전문요양원을 개원했다. 평안전문요양원이 기초생활보장 수급권자를 대상으로 하고 있다면 새로 문을 연 경천전문요양원은 차상위 계층을 위한 실비 요양 시설이다.

## ** 경천전문요양원

　평안요양원에 1백10명과 경천요양원에 60명 등 두 요양시설에 입소한 어르신만 1백70명이고, 두 시설의 직원들도 1백20명에 이른다. 평안교회는 두 요양원 운영 외에 주간보호사업과 가정봉사원 파견사업, 단기보호사업, 케어복지사 양성 등 다양한 사회복지 활동을 벌이고 있다.
　고 목사는 특히 교회의 '참여'를 강조하고 '하루빨리 준비하고 나서라'고 주문한다.

　장기요양보험제도로 전국이 하나의 권역으로 재편돼 경쟁체제로 돌입한다. 또한 요양기관들은 입소할 환자들이 받게 될 등급에 따라 의료보험 수가가 적용돼 요양원 등의 운영에 변화가 예상된다. 정부의 사회복지 정책에 다소간 변화는 예상되지만 그렇다고 교회가 감당해야 할 복음과 복지의 두 날개 중 한 날개를 접을 수는 없다는 것이 제주에서 실버목회에 나선 목회자들의 일반적인 시각이다.

제주의 치매 환자는 약 6천3백 명으로 추산되지만, 현재 시설에 입소한 환자는 1천 명 미만에 이르는 것으로 알려져 있다. 입소율이 20퍼센트 미만에 불과한 것으로 여전히 교회의 역할이 필요한 현실이다. 그러나 제주에서 원불교를 비롯한 타 종교는 개신교보다 훨씬 더 적극적이고 공격적으로 사회복지 시설 운영에 나서는 것으로 알려져 있다. 복음과 복지의 양 날개를 가동시켜야 할 교회의 역할에 더욱 관심이 집중되는 이유다.

## ** 은퇴 전에 은퇴 준비는 자연스럽게 되었다

처음 목회를 시작하면서 복지사역은 평생 할 수 있는 복음 사역으로 알고 있었다. 물론 일반 목회와 같이 이 사역을 시작했지만 복지 시설을 중심으로 한 목회였다.

사실, 주의 일에는 은퇴가 없다. 주님 앞에 갈 때까지 복음 전하다가 우리는 가야 한다. 은퇴 전부터 준비하는 과정에서 복지 목회에 관심을 갖는 것은 대단히 지혜로운 일이다. 특히 복지에 관심을 가지고 사명감을 갖는다면 정말 행복한 노후가 될 것이다.

**\*\* 은퇴를 앞둔 목회자나 은퇴하신 목회자들에게 당부하는 말씀은**

은퇴를 하기 전이나 혹은 금방 은퇴하신 목회자로서 할 수 있다면 자격증을 취득하라고 권하고 싶다. 예를 들면 사회 복지사 자격, 요양보호사 자격증을 따면 복음 전하면서 일할 수 있는 일자리가 얼마든지 있다.

우리 제주도만 해도 복지 기관이 약 380곳이 있다. 그 기관마다 복음 사역자가 필요하다. 먼저 중요한 것은 복지에 대한 관심이다.

최후의 심판 때에도 심판의 기준은 바로 믿음의 결과인 사랑이다. 사랑의 다른 말은 바로 복지이다. 마태복음 25장 31-46절에서 분명히 밝히고 있다.

이곳에 먼저 자원봉사정신으로 가서 그 어려운 분들을 섬기는 것이 중요하다. 외롭고 힘든 분들을 찾아가서 주님의 사랑으로 위로해 주고 섬기면 그들이 감동을 받고 주님 앞으로 나아 올 것이다. 이렇게 하여 우리의 일터를 만들어 가는 지혜가 필요한 것이다.

일반 교회에서 설교를 초청하면 너무 좋아하는 은퇴 목회자가 많다고 한다. 그러나 여러 복지시설에 가서 봉사하면서 복음을 전하라고 하면 모두들 싫어한다. 이유는 많겠지만, 그중에 하나가 그런 곳에 가면 봉사로 끝나겠지 무슨 보수가 있겠나 생각하여 가기를 꺼린다는 말을 들을 때 마음이 아프다.

믿는 기관이나 아니면 교회에서 경영하는 복지 시설에서는 목사님이 지속적으로 와서 봉사정신으로 사역하면 대부분 교통비, 내지 활동비를 지원한다고 한다.

우리 목회자들이 어떤 대우나 사례에 매여 주의 일을 멀리한다면 그것은 참 목자가 아니라고 할 수밖에 없다.

좌우간 우리의 일터는 무한하다. 찾지 않고 관심이 없어서, 수많은 은퇴 목사와 무임 목사가 시간 보낼 때가 없어서 장기나 바둑을 두고 시간을 낭비하고 있다.

결론적으로 목회자는 죽을 때가 은퇴 날이다. 부디 의식 주는 주의 일을 감당할 때 그의 나라와 그의 의를 구할 때 보장된다. 하나님은 공의롭고 자비로워 주의 일을 지속할 때 끝까지 우리 장래를 보장하실 것이다.

나가는 말

 

 

 

우리 인생은 한없이 짧고 빠릅니다. 더욱이 소명을 받고 일생 동안 주의 일을 하다가 목회현장을 떠나게 되면 마음도 몸도 긴장이 풀리면서 삶의 리듬도 깨어지고 허탈감에 빠져 우울증 증세까지 느끼는 분들이 있다고 필자는 들었습니다.

뿐만 아니라 은퇴 준비가 잘되지 않아서, 건강문제나 경제 문제, 가족 문제가 잘되지 않아서 우리 목회자의 기본이 되어야 할 경건의 능력을 상실하고, 하나님과의 관계가 멀어져 신앙의 위기를 겪는 분도 적지 않습니다.

여기에 설상가상으로 경제적 빈곤까지 겹쳐져 노후가 불행해지는 경우를 많이 보게 됩니다.

 

이런 와중에 이 책을 출간함으로써 조금이라도 행복한 노후를 보내는 데 도움이 되었으면 하는 간절한 마음을 갖게 되었습니다. 집필하면서도 많은 미비한 부분이 있음을 느낍니다. 하지만 아직 출판계에서 이런 책이 전무함을 깨닫고 용기를 내어 펜을 들게 되었습니다.

부디 이 책이 이 분야에 관심이 많은 분들이나 성공적인 노후를 보내고 있는 목회자들의 더 좋은 글을 통하여 우리의 시작보다 끝이 아름답고 윤택해지도록 많은 관심을 갖게 하는 불씨가 되었으면 합니다.

100세 시대를 살면서 70세 은퇴라고 하면 적어도 30년 전후는 은퇴 후의 삶을 살아가야 합니다. 의학의 발전과 경제적 여유 때문에 갈수록 건강해집니다.

김형석 원로 철학 교수는 자기의 황금기를 60대 70대라고 했고 지금도 활발하게 일하고 계시는 모습을 통해 우리 미래의 모델이 되고 있습니다.

끝까지 읽어 주셔서 감사합니다. 혹시나 책 속에서 본의 아니게 왜곡된 내용이나 잘못된 문구가 있다면 그리스도의 사랑으로 용서를 구합니다.

부디 이 책을 통하여 행복한 노후를 보내게 되기를 진심으로 기원합니다. 할렐루야!

# 행복한 은퇴 목회자의 길

**초판 1쇄 인쇄** 2018년 05월 15일
**초판 1쇄 발행** 2018년 05월 23일
**편저** 김정식 목사

**펴낸이** 김양수
**편집·디자인** 이정은
**교정교열** 박순옥

**펴낸곳** 도서출판 맑은샘
**출판등록** 제2012-000035
**주소** 경기도 고양시 일산서구 중앙로 1456(주엽동) 서현프라자 604호
**전화** 031) 906-5006
**팩스** 031) 906-5079
**홈페이지** www.booksam.kr
**블로그** http://blog.naver.com/okbook1234
**카카오플러스친구** http://pf.kakao.com/_xoxkxlxjC
**이메일** okbook1234@naver.com

ISBN 979-11-5778-282-6 (03230)

* 이 책의 국립중앙도서관 출판시도서목록은 서지정보유통지원시스템 홈페이지
  (http://seoji.nl.go.kr)와 국가자료공동목록시스템(http://www.nl.go.kr/
  kolisnet)에서 이용하실 수 있습니다.
  (CIP제어번호 : CIP2018015088)

맑은샘은  휴앤스토리의  단행본  출판  브랜드입니다.